OHSAMA BUNKO

どんな人とも楽しく会話が続く話し方のルール

野口 敏

三笠書房

はじめに

本書を書くにあたって、私はこう決めました。

「内容が驚きに満ちたものであること」
「わかりやすいこと」
「使いやすいこと」
「温かな内容であること」

この四つが本書の根底となるテーマです。

今、私たちは人間関係の大きな変わり目にいます。

とくに職場でのコミュニケーションはややこしくなる一方で、同年代や似た価値観の人とだけ話していればすむ時代は、もう終わったようです。

年上でも若い人に気を遣《つか》わねばなりませんし、男らしさ女らしさの決《き》めつけに気をつける必要も。外国人が隣《となり》のデスクにいるのも当たり前になっていますよね。**共通の話題もないに等《ひと》しい環境で、相手を尊重したコミュニケーションが求められる時代になっているのです。**

私も先日、20代の男性と話をしていたときに失敗してしまいました。

「昔々、私が小学校3年生の頃に『夜明けのコーヒーを二人で飲む』と歌手が歌っているのを聴《き》いてね。子どもだったもんで、『夜明けのコーヒーを飲むって、いったい何時に待ち合わせするんだろうか。早起きしないといけないなあ』って思ってたんだよ」

ところが相手は「はあ……」と言っただけで、クスリともしません。彼は〝夜明けのコーヒー〟が何を意味するか、ピンとこなかったのです。

仕方なく「〝夜明けのコーヒー〟っていうのは前の晩から泊まっていて……」

と、ばつの悪い説明をするはめになりました（話が伝わったとき、彼が「夜明けのコーヒーを二人で飲むというのは素敵な表現ですね」と共感してくれたのが、せめてもの救いでした）。

このようにちょっとした会話でも、年代や環境が違えば細かい部分でわかりあえないケースが出てきます。そんな失敗や戸惑《とまど》いを重ねながらも、私たちはこの時代を生き抜いていかねばなりません。

私はこれからの人間関係のキーワードは、「一緒にいて居心地《いごこち》がいい人」だと感じています。

その人といると、こちらは気を遣わずにすんで、居心地がとてもいい人。ストレスを感じさせない人。

平たく言うと、

「この人、私の話を本当にわかろうとしてくれている」

「この人、私に本当にわかりやすく話してくれている」

と感じさせる人です。

そのような人とのコミュニケーションには、少し話しただけでもお互いの心が一体になったような大きな安心感があります。


その一体感の源《みなもと》は何かというと、**「相手の気持ちを想像する力」**です。


私が話し、それを受けて相手が話す。互いの頭の中にあるイメージは別々……。このようなコミュニケーションでは、話はしていても気持ちはいつまでも離れたまま。だから会話をしたあとに、満足感が生まれません。

ところが、一体感のあるコミュニケーションは違います。その人が話すと、こちらの想像力が自然と働いてとても聞きやすい。

二人が同じイメージの中に入り込んで同じ映像を見ながら会話する感じです。

こちらはその人の話を、身をもって体験したかのような感覚になれます。

こちらの話を聞くときも、ただ話の内容を理解するだけで終わりません。その人は、こちらが話す内容をイメージしながら聞いてくれます。そして、それを自分で体験したかのように反応してくれます。

うれしい話なら満面《まんめん》の笑顔で、痛い話なら顔をゆがめて聞いてくれるのです。だから、お互いに心から共感でき、楽しく会話が続くのです。

相手の立場になって話を想像できるというのは、まさに、思いやりにあふれた気遣いができるということ。そのような気遣いをされれば、うれしいに決まっています。だから心から満足できます。

居心地のよさ、つまり相手を幸せな気分にする力があれば、世代・性別・国籍を超えて、どんな人からも、かつどんな環境であっても、あなたが必要とされることは間違いないでしょう。

本書では、どんな人とも楽しく会話が続くコミュニケーションスキルを、「これでもか！」とばかりに書きました。

斬新《ざんしん》で、わかりやすく、使いやすい。そして優しい。

この話し方のルールを使って、家族や職場の方々と、思いやりにあふれたコミュニケーションをとってください。あなたの周りが、笑顔であふれる日々になりますように。

野口　敏

目次

contents

はじめに　3

第1章

見えない「心の壁」を取り払おう！
――相手との一体感が生まれる話し方

1　どんな環境でも「歓迎される人」のコミュニケーションの方法　18
●「幸せな気持ち」をどんどん言葉にできる人　19
2　心がグッと近づく！「一体感」はこうして生まれる　24
●これなら初対面でもすぐに親しくなれる！　29
3　「一生懸命話しても伝わらない！」は、なぜ起こる？　31
●話がうまい人の「話しはじめ」に注目しよう　34
●相手に先を想像させるように話そう　41
4　脳科学でも実証！　話がはずむ「間」の効果　43

・だから何でもない会話も楽しくなる！　47
5 笑いを誘う話は「伝え方」が9割　51
・予想を覆されると、人はついつい笑ってしまう　52

第2章 誰とでも楽しく話がはずむ「共感力」

――それだけで人間関係も人生もうまくいく！

6 聞いているだけで相手を楽しくさせる人　62
・この「何気ない会話」がなぜ大事？　65
7 「共感」の素晴らしいチカラ　70
・大切なのは「聞いているよ」という反応　73
8 話がどんどん盛り上がる「共感」のコツ　81
・ポイントは「相手を話の中心に据える」こと　83
9 相手のうれしい話、つらい話、痛い話にどう反応する？　91

第3章

相手が思わずうれしくなる気持ちの伝え方
——効果バツグン! 相手を「主役」にする話し方

10 話をはずませるのに「気の利いた言葉」はいらない 98
- あえて「沈黙」したほうがいいとき 100

11 共感するのが苦手な人が誤解していること 108
- 相手の考えや感性に同調できなくても大丈夫 111

12 心をつかむ話し方には「法則」がある! 118
- 人はいつも「自分が主役」でいたいもの 120

13 相手を主役にして話す練習をしよう 127
- 簡単なのに印象に残る「引用」のワザ 130

14 相手を思う気持ちを言葉にするコツ 135
- すわ、一大事! が生んだ物語 137

第4章

仕事以外で語れるものがありますか？

――一気に親しみが湧いて距離が縮まる話題

15 感謝の気持ちを表現するこんなテクニック 140

● 相手をよく見て、場面を切り取り言葉にする 143

16 相手の出身地や趣味、得意分野、予定を積極的に話題にしよう 146

● 本当の聞く力は「聞いた内容を覚える力」 147

17 「自分」を伝える努力をしていますか？ 154

● 働き方が変わればコミュニケーションも変わる 154

18 すぐに話がとぎれてしまう人の会話のクセ 158

● ここに注目すれば話はどんどん広がる！ 162

19 ネガティブな気持ちを上手に話題にできる人 166

● 相手に「心のうち」を話してもらう効果 168

20 実は話題にしてほしいこんな「微妙な気持ち」 171
● 相手の感情にあえて踏み込んでみる 172
21 自分の感情に「気づく」だけで、会話は豊かになる！ 177
● 心に蓋をしたまま話をしていませんか？ 179
22 相手の「気持ち」を引き出せば、そこからエピソードがあふれだす！ 183
● 一回目は話せても、二回目以降は話すことがなくなる人へ 188
23 「私はこんな人」と、外に向かって発信するだけで…… 190
● 「自分の話は面白くない」と決めつけていない？ 196

第5章
年下に好かれる人、敬遠される人
——お互い心から会話を楽しむちょっとしたコツ

24 ここに気をつけるだけで「話の通じない大人」は卒業！ 202
● 世代を超えたコミュニケーション力とは 205

25 話をするときは必ず「興味→共感→肯定」の順で 207
年下の人と愉快に話せる自然なアプローチ 208
26 相手の話に「肯定」して返すと、誰もが思わずしゃべりだす 215
相手を肯定的に見れば、言葉も肯定的になる 218
27 たとえば相手がミスをしたときでも…… 220
「大人の説教」が長くなるわけ 221
28 どんな相手にも「自分から挨拶できる人」の魅力 226
年下からなめられる人の特徴 227
29 若い人が聞きたいのは、失敗や挫折に直面したときの話 230
優秀で魅力的な大人ほど自分の失敗談を話す 231

第1章

見えない「心の壁」を取り払おう！

相手との一体感が生まれる話し方

1 どんな環境でも「歓迎される人」のコミュニケーションの方法

私たち日本人はこの50年あまりで所得が5倍以上になり、平均寿命も20年以上延《の》びています。しかし、それにもかかわらず、幸福度は50年前とさして変わっていないということをご存じでしょうか。

この50年で私たちが変えてしまったのは、人との関係です。**あまりにプライバシーが強調され、まるで他人とのあいだに透明な壁がつくられてしまったような感じ**がします。

個人的な話や立ち入った話題に必要以上に触《ふ》れてはいけない。そんな感覚で人と接しなければならないから、現代のコミュニケーションはむずかしいのです。

人とのあいだに距離ができれば、伝わってくる温度も低くなります。温かな気持ちをやりとりする機会が減れば、心は寂《さび》しくなってしまうでしょう。そんな時代だからこそ、話をしたときに温かさを感じさせる人が求められます。

「一緒にいて、とても居心地のいい思いをさせてくれる人」

そういう人は、どんな相手からも、またどんな環境に移っても歓迎されます。

では、一緒にいて居心地のいい人とは、どんな人なのでしょうか。

それは、**まず「自分自身が幸せである」ということ**。

そういう人が他人に居心地がよく、幸せな思いをさせるのは、その幸せな気持ちを積極的に表現するからです。

「幸せな気持ち」をどんどん言葉にできる人

幸せになる方法について、あまり知られていないことがあります。

それは**「コミュニケーションの際に幸せな気持ちを積極的に言葉にする」**ことです。

笑顔で「おはようございます」と言えば、相手も喜びますが、自分もとてもいい気分になれます。「いい仕事をしたね」と後輩をほめれば、後輩が感激するだけでなく自分もうれしくなります。

その秘密は、**「感情とは自分への贈《おく》り物である」**という知られざる事実にあります。

たとえば、電車でお年寄りに席を譲《ゆず》った人の顔をよく見てください。ほとんどの人は、得《え》もいわれぬ幸福感に包まれた顔をしています。それは、そのとき自分が遣った感情に自分自身が包まれているからです。

幸せな気持ちを表現できる人のそばには、その幸福感にふさわしい人や出来事が引き寄せられます。そしてさらに幸せになるのです。

よい感情には、よい贈り物が届くというわけです。

反対に、他人のことをまったく考えず二人分の席を独占している人の顔は、どうでしょうか。

ニコニコ顔は皆無《かいむ》で、仏頂面《ぶっちょうづら》をしているはずです。それは「他人のことなど知ったことか」という自分の醜《みにく》い感情に接しているからです。

残念ながら、この人の人生に幸福は訪《おとず》れないでしょう。その醜い感情にふさわしい人と出来事を招いてしまうからです。

醜い感情にも、それに応じた贈り物がもたらされるというわけです。

気持ちを積極的に表現しない人は損をする？

見知らぬ人に親切にする意識など心のうちにない——そんなふうに人と関わっていては、自分の喜びや優しさに触れることはできませんから、幸せな気持ちになることは当然ながらむずかしいでしょう。

人に挨拶《あいさつ》もせず、関わろうともしない。知人であっても共感を持って話を聞こうとすることなく、ただ耳に入れているだけ。自分の感じ方やものの見方を他人に語ろうともしない――。

そんなふうにしか他人と関わることができないと、心は寂しくなっていくばかりです。

幸せとは向こうからやってくるものではなく、自分の中につくり出すものです。毎日の暮らしに寂しさを感じる人は、これから私が伝えることを試《ため》してみてください。

明日の朝、誰かに「おはよう！」と、ほがらかに言ってみてください。
相手の話に、「いいね♪」と共感してみてください。
知らない人に、親切にしてみてください。

それだけで気分はずいぶん変わり、小さな幸せを感じられます。その素敵な気分を日常的に言葉にできるようになったら、あなたは必ず幸せになれます。

これからお届けする「居心地のいい人」としての話し方や振る舞いを実践すると、あなたはそばにいる人を幸せにすることができます。そしてそれ以上に、あなた自身に幸福な気持ちを運んできてくれます。

そんな温かい力を持つ人が社会に満ちあふれれば、私たちはもっと幸せになるでしょう。

2

心がグッと近づく！「一体感」はこうして生まれる

お互いが居心地よく、幸せな気持ちになれる話し方について、まずは四つの基本形をお伝えしましょう。

それは、

①言葉を短く区切る
②2秒ほどの間《ま》をとり、相手の顔を見る
③相手が相づちを打つのを待つ
④語尾に感情を加える

というもの。
たとえば、「昨日《きのう》は電車に乗り遅れて10分遅刻したが、課長も遅刻してきて怒られずにすみ、ラッキーだった」という話をするケースで使ってみましょう。

話し手「昨日、電車に乗り遅れてね」〔ここで言葉を区切って間をつくる〕
聞き手「うんうん」
話し手「10分遅刻しちゃったの」〔「の」に「やっちゃった！」の感情を込める〕
聞き手「あら」
話し手「でも、課長も遅刻してきてさ」
聞き手「へー」
話し手「怒られずにすんだの」〔「の」に「助かった！」の感情を込める〕
聞き手「そうだったんだ」
話し手「ラッキーだった」
聞き手「それはよかったね！」

肝心なのは、相手との言葉のやりとりを、しっかりとつくっておくこと。

なぜなら言葉のやりとりをしっかりとつくっておくと、あなたが話した内容が、相手の頭の中にはっきりとした「映像」となって浮かぶようになるからです。


すると、素敵なことが起きます。

あなたの頭の中の映像が、相手の頭の中の映像と重なり合って、一体感が生まれるのです。

私たちは「頭に浮かんだ映像」を言葉にしている

ここで「会話なのに、なぜ〈映像〉？」と不思議に思ったかもしれません。

コミュニケーションは言葉で行なうものと、多くの人は思っています。しかし実のところ、私たちがコミュニケーションするときに使っているのは映像なのです。**言葉は映像を届ける道具**に過ぎません。

たとえば「子どもの頃、よく見ていたアニメは？」と聞かれたとしましょう。答えようとするあなたの頭にまず浮かぶのは、言葉ではなく、たとえば孫悟空《そんごくう》やルフィ、月野《つきの》うさぎなどの映像のはずです。

あなたはその映像を見ながら「ドラゴンボール」「ワンピースかな」「セーラームーンだよ」と言葉に換えて答えているのです。

まず映像が頭の中で描かれ、それが言葉に変換される——。

この事実を、会話する際に意識してみてください。そして、あなたが頭の中で描いている映像を相手がイメージできるように話してみましょう。

実は、聞き手もあなたの話を映像にしながら聞いています。冒頭で紹介した四つの基本形はその映像化、つまり想像力を促《うなが》すのに力を発揮するのです。

短い言葉と相づちのやりとりを重ねていくと、互いに浮かべた映像が次第に近づいていきます。

はじめのうちは別々に描かれていた映像が一体化して、二人で同じ映像を描くような感覚になるのです。そうしてお互いが似たようなイメージを持てるようになると、そこに一体感が生まれます。

四つの基本形、どんなときに使うと効果的？

すべての会話で短く区切って話す必要はありません。

使うのは話しはじめなど、「相手がまだ話の概要をイメージできていないケース」、自分が経験した話をするときなど、「相手から強い共感を得たいケース」、あるいは、仕事でホウ・レン・ソウ（報告・連絡・相談）をするときや、お客さんに大事な説明をするときなど、「言葉による誤解を避けたいケース」で用《もち》いるのが効果的です。

場に応じて使うものであると受け取ってください。

これなら初対面でもすぐに親しくなれる！

相手との一体感が生まれれば、もはや短い言葉で区切ったり、間をとったりしなくても、あなたが思い描いたことが相手へ瞬時に伝わるようになっていきます。まさに「以心伝心《いしんでんしん》」です。

こうなったら、話すスピードを上げても内容はよく伝わるようになります。

聞き手があなたの話を想像し、その話をあたかも自分が体験したかのような気持ちになると、聞き手には本当の共感が生まれます。

あなたの経験した気持ちが心から理解できるのです。「なんとなくわかる」ではなく、「自分のことのように感じる」状態になります。

そうなれば互いの心がつながったように感じ、一体感はさらに強まります。

私はこの状態を「互いの心に橋が架《か》かる」映像として思い浮かべ、**「コミュニ**

ケーションブリッジ」と名づけました。

互いの頭の中の映像が一致し話が伝わりやすくなることは、仲のいい二人ならばしょっちゅう起こっている現象です。しかし初対面であっても、短い言葉と相づちの交換で映像が浮かびやすいように話せば、互いの心に橋が架かり、すぐに親しくなることができます。

冒頭で紹介した四つの基本形、つまり、短い言葉で区切り、間をとり、聞き手の相づちを呼び込み、感情を込める伝え方。これは「コミュニケーションブリッジ」を生み出す話し方のことなのです。

一緒にいて居心地のいい人は、映像と気持ちを相手と共有できるように話してくれます。それはまるで、二人が同じ空間に入り、同じものを見て、同じ気持ちを感じているようです。聞き手は自分が優しく包み込まれているように感じるでしょう。居心地がいいのもうなずけますね。

3

「一生懸命話しても伝わらない！」は、なぜ起こる？

コミュニケーションブリッジの話し方について、少し長い会話を例にとってお伝えしましょう。

たとえば、あなたが以下の話を伝えたいとします。

「うちの近所にパワースポットとして有名な神社があるんだけど、それはおかしいと思っていて、毎日その前を通って通勤している私が出世もしなけりゃ結婚もできないんだから、ご利益《りやく》ないの、わかるでしょう？」

このように一気《いっき》に話してしまうと、一度に伝わってくる情報が多すぎて相手には映像が浮かびません。
その結果、言葉上の意味しか伝わらないことになり、「パワースポットの神社の前をしょっちゅう通るのに、ご利益がない」という理屈は伝わるでしょうが、期待していたほどの大笑いにはならないでしょう。

一方、コミュニケーションブリッジの話し方を使うと、どうでしょうか。

話し手「うちの近所にね」
聞き手「うん」
話し手「神社があるんだけどね」
聞き手「うん」〔頭の中で、町中にある神社を映像化〕
話し手「そこは、パワースポットとして有名なの」
聞き手「へー」〔神社の映像に「パワースポット」の情報を追加〕
話し手「でも、それはおかしいのよね」

聞き手「どうして？」〔頭の映像から「おかしい」理由を探すが、わからない〕
話し手「私は、毎日その前を通って通勤しているんだよ」
聞き手「うん」〔「通勤」の情報を足すが、おかしい理由はまだわからない〕
話し手「その私が出世もしなけりゃ、結婚もできないんだもの」
聞き手「うん」〔新しい情報を与えられ、「今度こそ理由がわかるかな」という期待で緊張〕
話し手「ご利益ないの、わかるでしょう」
聞き手「そうか！」〔「そう来たか！」と笑いを誘われる〕

このように、**言葉を短く切り、間をとることで相手の想像力を刺激していく、**
それがコミュニケーションブリッジの話し方です。
この伝え方を、次の項から解説していきましょう。

話がうまい人の「話しはじめ」に注目しよう

先ほどの会話例について、まずは導入部を見てください。

話し手「うちの近所にね」
聞き手「うん」

常日頃こういう話し方をしていない人は驚くことでしょう。「こんな短い言葉で切るのですか!」と。

しかし、とくに話しはじめは必ず短い言葉で話を切り、いったん間をとって聞き手に視線を投げてください。そうすると、聞き手は相づちを打ってくれます。

話し手からのアイコンタクトは「今から話してもいいかな」という問いかけで、

聞き手の相づちは「どうぞ話して」という合図。つまり、会話をする気持ちを互いに確認しているようなものだと考えてほしいのです。

この一連のやりとりを通じて、聞き手は話を聞く準備、つまり映像を浮かべる準備ができます。

話がうまい人をよく観察してみましょう。

彼らは話しはじめで必ず「私ね」とか、「今日ね」など、とても短い言葉で話を止めて聞き手に視線を投げかけています。

相手の相づちをきちんと呼び込んでから、話を先に進めているのです。

相手に話を想像させる「2秒間」

続く会話も、短い言葉で切っては相づちを待つ、という流れになります。

これは会話の冒頭とは少し意味合いが違っていて、聞き手が頭に映像を浮かべるのを促すためです。

会話のスタート時、聞き手の頭は真っ白な状態です。そこから映像をつくるには、一つの映像、一つの場面で止めたほうが、スムーズに映像を浮かべられます。言葉を短く区切ることで、スッと話し手の話の中に入ってきてくれるわけです。

それに続く約2秒の間は、聞き手に「想像をめぐらせるゆとり」を与えるためのものです。

話し手「神社があるんだけどね」
聞き手「うん」
わずか2秒ですが、聞き手は「近所に神社がある映像」を思い浮かべます。鳥居《とりい》や大木《たいぼく》、拝殿《はいでん》前に吊《つ》りさげてある大きな本坪鈴《ほんつぼすず》など、その人なりの神社のイメージを自由に思い浮かべるでしょう。
二人はまるで、同じ映像の中にいるかのような気持ちになっていきます。

話し手「そこは、パワースポットとして有名なの」

聞き手「へー」

続いて「パワースポット」という言葉が送られました。

聞き手はこの数秒のあいだに、観光客が押し寄せる光景、絵馬《えま》やおみくじなどを想像します。ご利益で願いが叶《かな》ってお礼参りをする人の姿なども、想像するかもしれません。

こうなれば、頭の中に基本的な舞台が整います。あとは、部分的なものを動かすだけになるので、聞き手は話がとても聞きやすいのです。

話し手「でも、それはおかしいのよね」

聞き手「どうして？」

話のテーマが「神社がある」「そこはパワースポットである」といった事実の伝達から、「おかしい」という話し手の感想や意見を語るものに変わりました。

でも、「おかしい」理由はまだ語られません。

ここで短い間があると、聞き手はその先を予想しはじめます。
（なぜおかしいのだろう。何がおかしいのだろう）
もはや聞き手は、伝えられたイメージ以外のものも想像しはじめているのです。

話し手「私は、毎日その前を通って通勤しているんだよ」
聞き手「うん」
話し手「その私が出世もしなけりゃ、結婚もできないんだもの」
聞き手「うん」
いよいよ謎解きの答えが聞けるのです。聞き手は少し緊張して答えを待つでしょう。

話し手「ご利益ないの、わかるでしょう」
聞き手「そうか！」
話の展開が予想を超えた意外なものならば、聞き手の緊張は一気に解けて笑いになります。

相手が相づちを打ちやすい「間」が肝心

会話では、話し手は必ず聞き手の相づちを待ってから話を展開するのが、基本です。

なぜなら、聞き手の相づちとは「今の話、映像が浮かんだよ」「今聞いたことについて、次の展開を予想してみたよ」というサインだから。

つまり、**あなたの話が「伝わった」という合図になっているのです。**

コミュニケーションでは「相づち」がとても重要な役目を果たしています。互いの持つイメージを近づけ、お互いを結びつける役目を担《にな》っているのです。

ですから話をするときは、聞き手が相づちを打ちやすいように間をとり、短い言葉と相づちが行き交《か》うようにやりとりしてみましょう。相づちの多い会話は親しみが深くなり、話もよく伝わるようになります。

早口の人の話が頭に入ってこない理由

話し手が自分の頭に浮かぶことを次から次へと言葉にしていったら、はじめてその話を聞く相手が映像にするのはむずかしくなります。

映像が浮かばないままでは、気持ちの共有は起こりません。相手とのあいだに橋を架けることができず、いくら会話をしても心の距離が縮まることはありません。

「一生懸命話しているのに、なぜか伝わらない」

そんな自覚のある人は、相手が想像できるペースを無視した早口《はやくち》で自分が話していないか、振り返ってみましょう。もしそうだと気づいたら、ぜひコミュニケーションブリッジの話し方をマスターしてください。

相手に先を想像させるように話そう

「私が伝えたら、あとの理解はあなたにおまかせ」

みなさんはもしかしたら、会話というものをそんなイメージでとらえていないでしょうか。

話し手と聞き手は別々の存在——そう思っている人は少なくありません。

しかし実際は、相手はただ聞くだけではありません。あなたの話を想像し、頭の中の映像を通じて追体験《ついたいけん》をしているのです。その映像が話し手であるあなたのものと一体化していく過程そのものを楽しんでいます。

人と話をしているときに、**相手の話が「まったく頭に入ってこない」**と感じたことはないでしょうか。これはあなたの頭に映像が浮かばないことが原因です。

話がうまい人は相手に想像を促すように伝えます。自分が見聞きし感じたことを聞き手に想像させ、それを体験させるかのように話してくれます。

こういう話し手が持つコミュニケーションのイメージは、互いの心が一体になる感覚です。

言葉を区切り、間を数秒置く。それだけで、聞き手はさまざまなことを頭にイメージできます。聞き手はあなたの話すその世界に入り込み、二人は同じ映像の中にいることになるのです。

これが一体感をつくり、居心地のよさを生むのです。

4
脳科学でも実証！話がはずむ「間」の効果

コミュニケーションブリッジの話し方を私の教室で学んだ男性が、職場のプレゼンテーションでそれを応用してみました。するど相手からこうほめられたそうです。

「あなたの話は、まるで映画を観ているみたいに〈絵〉が浮かびました」

彼はとても優秀なビジネスマンで、高評価を得られた理由をもっと科学的に解明してみようと考えました。「この現象には、脳科学からのアプローチで何か説明がなされているのではないか」と外国の文献を調べてくれたのです。

すると本当に見つかったのです、「これぞまさにコミュニケーションブリッジの説明だ！」というものが。

彼はその内容をブログに書いてくれました。それを読んだとき、私はとても感激しました。一介のコミュニケーションの研究者に過ぎない私が見つけたスキルが、脳科学者たちが見つけたものと同じだったのです。

というわけで、読者のみなさんはどうか自信を持ってこのスキルに挑《いど》んでいただきたいと思います。

では、彼のブログの内容を以下に要約してお伝えしましょう。

「扉を開く」と聞くと、聞き手の脳も扉を開く

間を置かず、情報を伝えるだけの話し方をした場合、聞き手はストーリーを映像化する時間が持てない――私は前にそのように書きました。

そういう会話の際に聞き手の脳で使われているのは、もっぱら脳の左側の部分、音声を言語化してその意味を理解する領域です。

この場合、聞き手の脳は会話を「単なる情報」として扱うだけで終わります。この状態だと、おそらく会話ははずみません。

しかし、話し手が言葉を短く区切り、間をとって話すと、聞き手の脳内は変化します。言語処理の部分だけでなく、脳のほかの領域が活性化するのです。それは映画を観るときのような活動状態でした。

研究者がそのときの聞き手の脳をさらに詳《くわ》しく調べたところ、聞き手の脳が話し手の脳を積極的に模倣《もほう》していることを発見しました。

たとえば、話し手が「古い城の前に立ち、大きな扉を開くと」と言ったときには、聞き手の脳の運動皮質が活性化するのが確かめられました。

これは、聞き手が想像の中で扉を開けようとしていることを示しています。

つまり、**聞き手は話し手の話を経験し、共有しようとしているのです。**まさに、話し手と聞き手の脳は同期していた（つながっていた）のです。

さらに「城の中には、真っ赤なバラの花が咲き乱れていた」と言うと、今度は聞き手の脳の感覚皮質が活性化しました。これは話し手が感じたものと同じ感覚、つまり「目の前に広がる真っ赤なバラの園」を見ている感覚を聞き手も経験しているということになるのです。

このように、**短い言葉で映像化が促されるたびに、聞き手の脳内では運動や感覚など、さまざまな領域が影響し合います。**だから想像力が高まるのです。

さらには、上手《じょうず》な「間」をとることで、別の効果を生むことも検証されました。間があるおかげで、聞き手はその話が次にどのような展開になるのか予想するようになる――私は前にそのように書きました。

このとき聞き手の脳はどうなるかというと、神経細胞が活性化し、別の神経細胞と結合します。これがまた聞き手の想像する力をより高めるのです。

以上ここに述べたような脳の動きによって、話し手が短い言葉で区切り、効果的な間をとることで、聞き手はまるで映画を観るように話を聞くことができるというわけです。

それが一体感や親しみへとつながるわけですから、コミュニケーションブリッジの話し方の有効性は脳科学の面からも確かなものだといえるでしょう。

だから何でもない会話も楽しくなる！

私の教室でコミュニケーションの練習をしたときのことです。

そのときの学びのテーマも「短い言葉で区切って間をとり、相手から相づちをもらいながら話すこと」。

つまりコミュニケーションブリッジの話し方でした。

話し手「私ね」
聞き手「ええ」
話し手「ちょっとセコイところがありまして」
聞き手「へー、意外ですね」
話し手「高級なチョコをお土産《みやげ》なんかでもらうとね」
聞き手「はい」
話し手「それを箱から出して、別の容器に詰め替えて」
聞き手「ええ」
話し手「そして、冷蔵庫の野菜室に隠しているんです」
聞き手「また、なんで!?」
話し手「家族に見つかったら、食べられるからですよ」
聞き手「えーっ!」

言葉を区切り、間をとって相づちを待てば、自然と相手との言葉のやりとりが増える。そういう感覚を体験してもらうためで、話の内容は読んでわかるようにたわいもないものです。

すると、生徒の一人がこんな感想をよこしました。

「野口さん、相手とのやりとりが増えると、何でもない話なのに、なんだか楽しくなってきますね」

これは私の想像ですが、これもおそらくは互いの脳が同期していることへの、脳からのごほうびなのでしょう。

脳は他人と結びつくことを、自分が生き延びるために必要なことと考えているのではないでしょうか。だから他人とつながりを感じるとき、私たちの脳からは幸せホルモンが分泌されているのでしょう。

この課題もいつの日か、脳科学の世界がその説明をしてくれるのではないでしょうか。

とはいえ、研究発表を待つ必要はありません。あなたが実証すればいいのです。

他人とコミュニケーションをとるとき、短い言葉で区切り、間をとって相手の相づちを呼び込むように話してみればいいのです。できれば、語尾に気持ちが出るように話してみましょう。

そのとき自分がどんな気持ちになるのか。それを確かめれば、それが証明となるでしょう。

5 笑いを誘う話は「伝え方」が9割

テレビではお笑いの人たちが大人気。その影響でしょうか、私の教室に通う生徒の多くが「最後は笑いがとれるくらいまで話し上手になりたい」と訴えます。

多くの人の憧れともいえる「笑い」も、コミュニケーションブリッジの話し方を使えば、割と簡単に手に入ります。

人はどんな会話で笑うのか。それには次のような要素があります。

①聞き手にありありと「映像」を描かせる話術
②その先の展開を聞き手に予想させる「間」
③悪い方向、あり得ない方向に予想を覆《くつがえ》すオチ

この三つの流れを使って、聞き手に意図《いと》して先を想像させ、それを悪い方向に外《はず》すと、張りつめた緊張の糸が一気にはじけます。それが笑いとなって爆発します。

むずかしそうに見えますか。しかし例を見れば、一目瞭然《いちもくりょうぜん》です。

まずは簡単な会話例から入りましょう。あなたも聞き手になったつもりで、次の話を頭の中で映像にして、相づちを軽く打ちながら読んでみてください。

予想を覆されると、人はついつい笑ってしまう

話し手「桜の木の下でね」
聞き手「うん」
話し手「宴会している男の人たちがいたんだけど」
聞き手「うん」
話し手「まだ桜は咲いていないのにね」

聞き手「えっ！　そうなの？」

前にも述べたように、「まだ桜も咲いてないのに桜の木の下で宴会をしている人がいた」と、一気に言ってしまわないのがコツ。

話しはじめは一コマ一コマ、映像を部分ごとに伝える感覚で話します。はじめに「桜の木」を聞き手に思い浮かべてもらい、次に「宴会をしている人たち」を思い浮かべてもらうのです。

こうすることで聞き手は、聞いていないことも推測して映像を思い浮かべはじめます。おそらく、桜の花がちらほら咲きはじめているような光景を思い浮かべるでしょう。

しかし、読み返してもらえばわかりますが、話し手は「桜が咲いている」とは一言もいっていません。しかし聞き手は常識としてそんな光景を思い浮かべてしまう。そこがポイントです。

あえてそのように予測させておいて、最後の一言です。

「まだ桜は咲いていないのにね」

聞き手が思い描く映像は一瞬で、「まだ開花していない桜の木の下で宴会をする男たち」に切り替わるでしょう。

「意味あるの？」という気持ちが湧き上がり、それが笑いに変わるのです。

このように、ちょっとした伝え方の妙《みょう》で笑いは起こせるのです。

もう一つ、少し長めのお話をしてみましょう。先ほどと同じように話を頭の中で映像にして、相づちを打ちながら読んでみてください。

話し手「スーパーでね」

聞き手「うん」

話し手「母親を見かけてさ」
聞き手「へえ」
話し手「後《うし》ろから近寄って、肩を叩《たた》いたら」
聞き手「うん」
話し手「その人が振り返ったんだけど」
聞き手「うん」
話し手「知らないおじさんだったんだ」
聞き手「ええっ！」
話し手「パンチパーマの」
聞き手「おじさん!?」
話し手「うちの母親、男みたいなんだよね」
聞き手「そうなの!?」
話し手「口の周りにヒゲも生《は》えているし」
聞き手「わはは」

こちらも話しはじめは映像を一コマ一コマ思い浮かばせるために、「スーパーで」「母親を見かけて」「肩を叩いた」と、言葉を短く伝えています。

映像を一つずつ足していく、というふうに意識すると、どこで言葉を区切るといいかもわかってくるでしょう。

予想が次々と裏切られる面白さ

映像の種を与えられた聞き手は、スーパーの店内を歩く中年ぐらいのご婦人の後ろ姿を想像し、頭の中でポンッとその肩を叩いたことでしょう。相づちでそれを確認したうえで、会話をさらに進めましょう。

「その人が振り返ったんだけど」

この話の展開なら、誰もが「きっと人違いだな。振り返った人が知らないおばさんで、ばつが悪かったという話かな?」というストーリーを予想します。

そこで聞き手は、知らないおばさんがこちらを振り向く映像を描きつつ、話の続きを待っています。

そこへやってくるのは、まったく予想していない展開です。


「知らないおじさんだったんだ」


え、「おじさん」? 聞き手は慌《あわ》てて、映像の中のおばさんをおじさんに切り替えます。そのチグハグさがおかしくて、笑いになるのです。

さらに追い打ちをかけるのが、「パンチパーマ」「うちの母親、男みたい」「口の周りにヒゲ」という言葉。

聞き手がそれまで思い描いていた「話し手の母親」に似つかわしい常識的なおばさん像は、どんどん覆されていきます。

いかにも「おじさん」というパーツが一つずつ浮かび、次々と映像が差し替えられていくわけです。

ちなみに、「口の周りにヒゲも生えているし」で狙《ねら》い通りの笑いがとれたら、そのあとは言葉を区切らなくても大丈夫。あくまで笑いをとりたい大事なところだけ、コミュニケーションブリッジの話し方を使えばいいのです。


これまで笑いとは無縁だった人にとって、はじめから笑いをとりにいくような話術はむずかしいものです。

しかし、**言葉を短く区切って、間をとり、聞き手の相づちを待って次の言葉を伝えるというコミュニケーションブリッジの話し方**なら、できるのではないでしょうか。

言葉の区切り方、間のとり方などから練習をはじめてみましょう。そのうち、思ってもいないところで笑いがとれるようになることでしょう。

この話し方に慣《な》れていない人は違和感を持つかもしれません。しかし本当に話がうまい人は、言葉を短く区切って、間をとり、相手をよく見て相づちを待ち、ゆっくり話を前に進めます。

テレビで人気のお笑い芸人を観察すれば、実はこのテクニックを用いていることがわかるはずです。それを意識しつつお笑い番組を見れば、笑いのセンスも高まるでしょう。

笑いはまさに想像力からの贈り物。**一つのイメージを相手に想像させ、それをオチで覆す。予想が覆ることで笑いが起こり、その驚きがまた脳に新鮮さを感じさせるのです。**これは大きなリラックス効果をもたらします。

さらにお互いが同じ映像の中で遊び、一緒に笑うと、映像と気持ちを共有することになります。この二つの共有から、大きな親しみが生まれます。

だから面白い人は、一緒にいて居心地がいいのでしょう。

第2章

それだけで
人間関係も
人生も
うまくいく!

誰とでも楽しく話がはずむ「共感力」

6 聞いているだけで相手を楽しくさせる人

コミュニケーション力《りょく》というと、大半の人が「話す力《ちから》」をイメージするでしょう。しかし一体感のあるコミュニケーションをめざすならば、話し手と聞き手の両方に力がないとお互いの心に橋がうまく架かりません。

「聞く力」も、同じぐらい重要というわけです。

会話において、自分が話し手となるのは快感です。人に話す立場はそれだけで自己顕示欲《けんじよく》が満たされますし、さらに成功談や賢そうなことをいっているときは、自分が優《すぐ》れた人間であるかのような気にもなります。

しかし、その高揚感《こうようかん》がつくり出されるのは、聞き手の反応があってこそです。

話し手「商談があってさ」
聞き手「うん」
話し手「それがなんかややこしくて」
聞き手「うわあ」
話し手「何とかまとめたけど」
聞き手「さすが！」
この「うわあ」や「さすが！」がなかったら、話し手に話す意欲は湧《わ》いてこないでしょう。

「あなたが話を聞いてくれているからこそ、私は今、こんなに楽しいのですね」
話し手にそのように感じさせるとき、その聞き手は本当の「聞く力」、つまり共感する力を持っているといえます。

人は話をするとき、誰もが共感を求めています。聞き手に共感力があれば、その欲求は満たされ、その人は満足し、心が豊かになります。

それが妻や夫なら家庭は円満で、子どもなら素直に育ちます。それが部下なら相談も気軽にしてくれるでしょうし、上司なら誰にもいえないことすら話してくれるようになります。

お客さまならあなたからものを買いたくなるし、いい情報を教えたくなるでしょう。一度会っただけの人でもまた会いたくなり、恋愛の相手ならいい人と思われて、「今度は二人きりで会いませんか」という話に進むかもしれません。


共感力のある人がそばにいてくれることは、誰にとっても人生の宝といえます。共感力は心の栄養ですから、うれしいときは喜びが何倍にもふくれあがります。疲れたとき、失望したとき、悲しいときには共感が「エネルギー」をくれます。

共感力が大切なのは、すべての人が「自分に共感してほしい」と渇望《かつぼう》しているからなのです。

この「何気ない会話」がなぜ大事？

話し手「今日は暖《あたた》かいですね」
聞き手「本当に」

自分に共感してほしいという渇望は、このような何気《なにげ》ない会話にあらわれます。

こんなやりとりに何の意味があるのか、無意味じゃないか——そんな感覚を持つ人も多いかもしれません。

しかし、そこにはとても重要な意味が隠されているのです。

上記のやりとりに込められた思いを、あえて言葉にするなら、こうなります。

話し手「私の気持ち、受け取ってくれますか？」
聞き手「もちろんいいですよ」

このように、何気ない会話には「私を受け入れてくれますか?」という不安と、「つながれたらいいな」という期待が込められていると受け取ってみましょう。

その会話から生み出されるものが何もないとしても、話し手は構わないのです。自分の気持ちを受け取ってもらえただけで安心し、幸せを感じるからです。

人は誰もが他人から受け入れてもらいたいと願っています。だから何の意味もなさそうなことをあなたに伝えるのです。

何気ないやりとりに意味を感じていなかった人には、そんなときにどう相づちを打てばいいのかわからないかもしれません。

実はとても簡単で、こう言えばいいだけです。

「本当に」

ただ相手の気持ちを受け取り、好意的な気持ちを込めて返せば、相手は気持ちを受け止めてもらえた喜びで、あなたに親しみや信頼を感じます。

たったそれだけ。それができるようになるだけで、あなたの人間関係はずいぶんやわらかく穏《おだ》やかなものになるでしょう。

「本当に」のあとにどんな話をすればいいのだろうとか、なぜそんなことを言うのだろうとか、疑う必要もないのです。

もしそのあと、「もう桜も咲くらしいですね」とか「コートはもういりませんね」と話が続いたときも、「楽しみですね」とか「そうですね」と返せばいいでしょう。

会話が続くかどうかよりも、気持ちを交流させることを意識してください。

それが「何気ない会話」の本当の目的なのですから。

共感力が高まると心が温かくなる

相手の気持ちを受け入れると、心が温かくなる。これは誰もが経験しています。

共感とはまさにそれであり、相手の気持ちに触れ、優しく包み込むことです。

まだ、その感覚がよくわからない人も多いかもしれません。それはそれで構いません。

でも、「そういう気持ちがある」ということを知っておいてほしいのです。知っていることはやがて経験へとつながり、共感力として身についていきます。人の気持ちを包み込み、優しい気持ちになれる瞬間が、あなたにもきっとやってくるでしょう。

もちろん苦手《にがて》な人にとっては、共感力を身につけるのはむずかしいチャレンジでしょう。ですから、今すぐ本章でお伝えするすべてのことができるようになる必要はありません。

「この章に書いてあることのどれか一つ、まずはできるようになってみよう」

そんな気持ちで取り組んでみましょう。

あなたが共感力の大切さに目覚めれば、そばにいる人は笑顔でいっぱいになります。高価な食事や服がなくても、人はただ共感してもらえるだけでとてもうれしくなるもの。それはお金では買えない幸せです。

人を幸せにする人が一番の幸せ者になれます。感情は自分自身への贈り物なのですから。

共感力がつくと、あなたは多くの人とつながり合えるようになれます。

相手の気持ちに触れることは、自分の気持ちに触れることと同じなのです。

人は自分の気持ちに触れてそれを受け入れるたびに、人として大きく優しくなれるのです。そのときあなたは、現実が何も変わっていないのに、自分が豊かで幸福であることに気づくでしょう。

7 「共感」の素晴らしいチカラ

愛情も信頼も成功も、その多くが共感力から生まれます。

共感力がないと、人生はうまくいきません。

家庭に平和は訪れず、離婚や子どもの問題でストレスは強まり、多くの場合、お金も無駄にかかります。部下は仕事をせずにすぐにやめるし、上司からは常に睨《にら》まれます。職場でうまくいかないのも、たいていが共感力のない人と決まっています。

これほど人生を左右する大きな力ですから、共感力を語る本はたくさん出ています。それは共感力が神秘のベールに包まれているからであり、共感力を伝えるのはそれほどむずかしいことなのです。

これから私がそのベールをはがして、幸せの源である共感力をマスターできるようにしてみましょう。

その共感力で、あなたはきっと周りの人々を幸せにできます。そして何より、自分が一番幸せになれることをその身をもって体験できるでしょう。


共感力の第一歩、それは**話し手の言葉に対し、何であれ「反応」を見せること**です。

「聞く力」とは、「相手の言っていることを理解することだ」と多くの人が信じています。

しかし、聞き手が無反応でいたら、話し手はどう思うでしょうか。

話し手「私って〇〇〇なんだよね」
聞き手「ふうん（鼻息ほどの声で）……」

話し手「……。ねえ聞いてる?」
聞き手「聞いてるよ。○○ってことでしょ」
話し手「それはそうだけど」
聞き手「ちゃんとわかってるよ」
話し手「……???」

こんな会話では、いくら「聞いているよ」と言われても、話す気はなくなってしまいます。

話し手がまず求めているのは、聞き手の理解でなく、反応なのです。

どんなに話がうまい人でも、聞き手に反応がなければ話を続けることはできません。人気の漫才師でも、笑わない客の前では才能を発揮できないのと同じです。

会話をリードしているのは、実は聞き手であることがわかるでしょう。

◯大切なのは「聞いているよ」という反応

話し手「今日は暖かいですね」
聞き手「本当に」
話し手「桜の花もあと二、三日で咲くね」
聞き手「うん、楽しみだね♪」

65ページで、何気ない会話で共感する大切さについて述べましたが、慣れないうちは気持ちを込めた言葉をすぐに返せない人もいるでしょう。

相手の話を聞いてどんな言葉を返せばいいのかと戸惑い、**何も反応せずにいると、それ自体があなたの思いとして相手に伝わってしまいます。**

あなたはただ、戸惑っているだけなのに、その反応が「あなたの話は面白くない」「あなたには賛成できない」と、とてもネガティブな思いを持っているように相手に伝わってしまうのです。

誤解を防ぐには、言葉にできなくても、とにかく反応することです。

「わあ」でも「おお」でも、そこに「聞いているよ」という気持ちがあれば、形にとらわれる必要はありません。大事なのは聞き手が反応することであり、話し手の「自分は受け入れられている」という思いはそれで満たされます。

そうやって反応するうちに「桜、待ち遠しいな」と本当に思えてきて、「楽しみだね♪」「待ち遠しいね♪」という言葉が自然と出るようになります。

何もしていないのに、なぜか人間関係が悪くなる人

反応が悪く拒絶的に見える人は、学校や職場の人間関係でも苦労しがちです。

「何も悪いことをしていないのに」

と彼らは言いますが、反応が悪く拒絶的というのは、人に大きなストレスを与えてしまうことを、ぜひ知っておいてください。

ただし反応が重要といっても、たとえば昨今の「話し方」の本にあるような「オウム返しを少しテンション高めに」といった反応は避けたほうがいいでしょう。

うわべだけの共感は、相手に違和感しか与えません。

何でもない話にこそ「反応」しよう

聞き手が反応をしない会話は、家庭でよく見られます。

とくに夫婦の会話は、気合が入らなくて、ついスルーしてしまうこともありますよね。でも、夫婦間《かん》での何気ない会話がおろそかになれば、関係は冷え切ってしまいます。

妻「さっきスーパーに行ったら」
夫「うん」
妻「もう、人でいっぱい！」
夫「そりゃ疲れたね」

どうでもいいことだと聞き流す夫が多いようですが、妻の気持ちを必ず受け止めて、言葉を返さなければなりません。それが「愛している」ということだからです。

夫「ジムでトレーナーにさ」
妻「うん」
夫「『いい筋肉してますね』とほめられた」
妻「さすが！　いつも鍛えているもんね」

男のつまらない自慢と思わず、受け止めてあげましょう。自慢を聞いてもらえると、夫は妻から愛されていると感じます。それだけのことで機嫌《きげん》がよくなるのですから、安あがりではないですか。

子どもとの会話にも、どんどん反応してあげましょう。
子ども「ねえ、みてみて、これ」
あなた「お、うまいな！」
子ども「きょうりゅう。ぼくが描いた」
あなた「いいね！」

子どもには、共感という心の栄養がたくさん必要です。「恐竜の絵を描いた」と話すのは事実の報告ではなく、描いた自分が誇《ほこ》らしく、その気持ちを両親に共感してもらいたいからなのです。
それに対して、「勉強もちゃんとしなさいよ」とか「片づけを先にしなさい」

などと言ってしまったとしたら、それは、子どもの心に冷たい木枯《こが》らしを吹かせるようなものです。

たくさん共感を受けた子どもは自信のある人間になれます。親が何も心配しなくても、一人でさまざまなものごとにチャレンジして、失敗にめげずに成功する力を蓄えるのです。

職場でも、何気ない会話への反応を意識してみてください。部下の話をくだらないと感じても、「聞いているよ」という反応は返しましょう。

とくに、仕事とは関係のない話をしてきたときこそ、時間が許せば聞くようにしたいものです。生産性のない話にもつき合ってくれる上司に、部下は心を開きます。

部　下「ぼく、ビルの解体現場を見るのが好きなんですよ」
あなた「そうなんだ。言われてみれば、あれは面白いね」

分析するような「どこがいいんだ?」という質問ではなく、話し手の気持ちにアプローチするような聞き方をしてみてください。

「いいですね♪」と「困りましたね」は共感の万能ツール

とはいえ、むずかしく考える必要はありません。コミュニケーションは理屈を考えすぎると行き詰まってしまいます。

まずは形から入るのもいい方法です。私の教室では、理屈を考えずに「いいですね♪」と「困りましたね」の二つで話を聞いてみようと教えています。

「今度、旅行に行くんですよ」「いいですね♪」
「近所においしいパン屋さんがありまして」「いいですね♪」
「パソコンを買ったんです」「いいですね♪」

いい話なら何でも「いいですね♪」。

これが意外なほど使えて、相手も喜んでくれます。

反対にネガティブな話なら、「困りましたね」が使えます。


「新入社員がタメ口で話してくるんですよ」「困りましたね」

「うちの犬は私より隣のご主人になついてまして」「困りましたね」

「ダイエットしたのに三キロも太ったんですよ」「困りましたね」


こちらも使い勝手がいい言葉です。

ある生徒は、笑顔でこう教えてくれました。

「野口先生、『いいですね♪』は万能です！　みんなが楽しそうに話をしてくれます」

共感は、人間関係を円滑にしてくれるのです。

8

話がどんどん盛り上がる「共感」のコツ

共感が苦手な人は、会話のイメージを変えてみましょう。うまくいかない人は、おそらく話の内容を論理的に考えているはずです。

たとえば次のように話を展開しているのではありませんか？

話し手「今度、妻と旅行に行くんだよ」
聞き手「へえ、どこに行くの？」

論理的に考えるタイプの人は、「会話とは話を一点に絞《しぼ》っていって結論を出すもの」という頭になっています。

だから「いつ」「どこで」「誰と」「どのように」などと、5W1Hを使って話を一点に向けがちです。するとすぐに答えが出るので、会話はそこで終わってしまいます。

これが会話の広がらない理由なのです。

ここで発想の転換をしてみましょう。

会話を結論へと導くのをやめて、話を広げる方向に向けるのです。

「妻と旅行に行く」と聞いた瞬間、そこで論理的に考えるのではなく、その場面を想像してみます。

旅行と聞けば、まず思い浮かぶのが海や山、飛行機や新幹線、ご馳走《ちそう》や温泉などの映像でしょうか。

すると反射的に「どこに?」と聞いてしまうことになります。

ポイントは「相手を話の中心に据える」こと

ここからが共感力を高める重要なポイントです。

ここで注意したいのは、「旅行＝電車、旅館、温泉、ご馳走……」などと、「旅行」そのものに想像の焦点を当てないようにすること。

では、何を想像するのか。それは**「相手自身」**です。

もちろん、電車、旅館、温泉、ご馳走などを想像するのは結構ですが、焦点を当てるのはあくまで相手自身です。

電車（飛行機）に座る相手、旅館に入りくつろぐ相手、温泉につかる相手、ご馳走を食べる相手……。あなたの想像の中心に、ドンと相手を置きましょう。

この話の流れですと、その隣には奥様も置かないとなりませんね。

すると、いきなり「どこに行くの？」などと質問はしなくなるでしょう。

旅先での二人を想像できたら、その状況を自分のこととして感じてみます。

すると、あなたの口からはどんな感想がもれるでしょうか。

質問よりもまず、その映像から感じる「気持ち」を言葉にすることが重要です。

「いいね♪」

「うらやましい」

「仲がいいね」

これで相手には、あなたが自分のことをしっかり想像してくれていることが伝わります。そして、自分に関心を持ってくれている様子に、相手はとても大きな喜びを感じます。

このように相手の状況（場面）を想像し、さらにその映像、その気持ちを自分が体験しているかのような感覚になることが共感の奥義《おうぎ》といえるでしょう。

あなたの口から出てくる言葉は、もうひと事《ごと》ではなく、自分に起こったことのように豊かな気持ちであふれています。

つまり、**相手が描く映像の中にあなたも入り込んで、その気持ちを分かち合う。**

これがコミュニケーションの神髄《しんずい》となるのです。

◯お互いの頭の中が「話の種」でいっぱいになると

実は聞き手がうまく共感すると、話し手の中でイメージが爆発するような瞬間がやってきます。

話し手「今度、妻と旅行に行くんだよ」
聞き手「へーっ♪　いいですね。仲がよくてうらやましい」
話し手「いやいや、旅行に行ってもケンカばかりですよ」
聞き手「長いこと一緒にいると、ケンカもしますよね」

話し手「うちのは気《き》が強くて」
聞き手「あ！　それは怖いですね」
こんない い共感をもらえると、話し手の中に映像が次々に浮かんできます。

電車に乗って一分で、もうケンカが始まった。
実は、何でケンカしたのか思い出せない。
妻はおいしい饅頭《まんじゅう》を食べたら、すぐに機嫌が直る。
このように、話し手には話すことが次々に浮かんできます。

ほとんどの話し手は、それを自分の能力だと思っています。しかし、話し手のイメージをふくらませたのは、実は「聞き手の共感」だったのです。
聞き手の感情豊かな共感で、話し手には受け入れられている安心感が広がります。すると、想像力がどんどん豊かになるのです。

さらに共感をしているほうの聞き手も、想像力がふくらんで聞いてみたいこと、話してみたいことがどんどん湧いてきます。こうして二人は、話したいことと聞きたいことをたくさん浮かべて話をすることになるのです。

これは話を焦《あせ》らず、共感を行なって、ゆっくりとした展開をつくったから生まれた関係。お互いが話の種をたくさん手に持って話をするのです。話がはずむわけですね。

会話は実は聞き手がリードしている。そういわれる所以《ゆえん》がここにあります。

共感と脳の活性化の関係

人間は、他人の感情に触れると脳内の神経細胞が急速に発達し、ほかの神経細胞とつながり合うことがわかっています。気持ちの入った共感をもらうと、話し手のイメージがふくらむのは、こういったことが理由のようです。

相手の話が止まらなくなる質問のコツ

たっぷり共感して、お互いの中に話の種が渦巻《うずま》いてきたら、いよいよ質問をしてみましょう。

この状態になれば、少し刺激を与えるだけで相手はいくらでも話をしてくれるはずです。

こちらも相手を想像の中心に置いて、電車の中、旅館、温泉、ご馳走を食べるときなど、相手が旅行中に「しそうなこと」「言いそうなこと」「思いそうなこと」を自由にイメージします。

たとえば、次のような想像ができれば、ずいぶん話ははずみます。

電車の中では奥さんと何を話しているのかな

電車で何か食べるのかな
電車の中でお酒は飲むのかな
旅行バッグの中には何が入っているのかな
そもそも旅行の企画は誰が立てるのかな
行き先を決めるときに、夫婦どちらの意見が強いのかな

大事なのは、自由に発想すること。

「そんなはずはない」「そうに決まっている」と発想にたがをはめると、いい想像はできなくなります。


これはどんな話になっても応用が利《き》きます。

「今年は就活の年だ」「子どもが小学校に上がった」「夫が急にランニングを始めた」「娘にはじめての彼氏ができた」……と、相手の会話がどんな話になっても、同じことをしてみましょう。

まずその場面を想像し、気持ちを感じて共感の言葉を伝え、少しずつ質問をしてみる。質問する際も、相手の立場になって想像をめぐらせ、この人はそこで「何を行ない」「何を話し」「何を思うのか」を思い浮かべます。

私の教室では全員でイメージをする練習を行なっていますが、それは楽しい空想が出てきて、よく爆笑が起こります。口下手《くちべた》でおとなしかった人が、自信満々で自分の想像を口にしてくれる姿にもよく出会います。

これを見ても、**空想をするということは人間の脳にとって、とても楽しいものだ**ということがよくわかります。

9

相手のうれしい話、つらい話、痛い話にどう反応する？

共感力初級者として「いいですね♪」と「困りましたね」で切り抜けているうちに、あなたはきっと「もっと上手な反応がしたい」と思うようになるでしょう。聞き上手の人を観察すると、確かに反応が豊かなものです。それは人の話をわが事《こと》のように聞いているからです。

自分は反応が薄いという自覚のある人も、ジュースの自販機で当たりが出たら「おっ！」と声が出るでしょう。自信のあった資格試験が不合格だったと知った瞬間は「嘘《うそ》だろう！」と嘆《なげ》くことでしょう。それはみなわが事だから。

このように人の話を「わが事」としてとらえてみましょう。

話し手が語ることを自分の心に映して、わが事のように感じてみるのです。

話し手からこんなふうにいわれたら、自分ならどう感じるだろうか。どんなことを思い、何を話し、何をするだろうか——。そう想像をめぐらせてみます。

とはいえ、理屈では理解しても、実行となるとむずかしいところもあるでしょう。いくつかサンプルを使って、トレーニングをしてみましょう。

実際の会話では与えられる時間はほんの数秒ですが、今はトレーニングですからゆっくり考えてください。

うれしい話は笑顔で

話し手「3歳の姪《めい》っ子が、うちに来るんだ」

ここで「もう保育園に入っているの？」とか「名前は？」などと質問したくなりますが、少し待ってください。

まずは「3歳の姪っ子がうちに来る」と言っている相手の立場になって、自分ならどう感じ、「何を思い」「何を話し」「何をする」かを想像してみましょう。

自分の家に幼《おさな》い女の子がやってきます。

まだよちよち歩きで、笑うと天使のよう。

そう想像すれば、話し手の気持ちがわかってきます。あなたも自然と笑顔になるはずです。

話し手がその日は仕事を早く上がり、おもちゃやお菓子を用意し、色紙《いろがみ》や画用紙を買い、そわそわした気持ちで待っている姿が想像できるかもしれません。

そうすれば、こんな言葉が口から自然に出てくるでしょう。

「かわいいでしょうね」
「たまりませんね」

つらい話は眉をひそめて

「今度の上司は苦手なタイプで、仕事がやりにくい」

こう言われたら自分ならどんな言葉をかけるか、考えてみましょう。

「はあ、そうですか」

ひと事と思っていると、こんなことしか言えません。

なかには「仕事とはそういうものです」などと言ってしまう人もいます。

しかし、それがわが身に起こったとして、相手から「仕事とはそういうもの」ですまされたら寂しく感じるのではないでしょうか。

それがわが身に起こったことならば、あなたはどうを感じ、「何を思い」「何を話し」「何をする」でしょうか。

まず眉《まゆ》をひそめるはずです。

上司と合わないのは人間性か、言い方か、仕事の進め方か——。

そのとき、あなたが感じるのは「やりにくい」「困る」「ストレスだ」のような気持ちに違いありません。

するとあなたは眉をひそめつつ、こんな言葉を伝えるでしょう。

「上司と合わないとやりにくいですよね」

「困りましたね」

「ストレスがたまりますね」

このとき話し手は、あなたが自分の世界に入り込んで、自分の気持ちを本当にわかってくれたと感じるのです。

痛い話は顔をゆがめて

「冷蔵庫の角《かど》に、足の小指をぶつけちゃって」

こんな大事件を話したのに、「大変でしたね」という程度のことしか言ってもらえないならば、相手はそれ以上話す気が失《う》せてしまいます。

あなたが何か硬いものに足の小指をぶつけたとき、どんな言葉が出て、どんな思いになって、どんな行動をとるかを考えてみましょう。

あなたにそんな事件が起こったら、きっと足を持ち上げ手でつかみ、ピョンピョン飛び跳《は》ねながら「痛い、痛い！」とうめくでしょう。

共感力の高い人はそこまで想像し、痛みまで感じて、顔をゆがめて聞いてくれます。悶絶《もんぜつ》の表情を浮かべて、「うわー!」といううめきまで絞り出すかもしれません。

話し手の感じた痛みまで想像できたら、あなたも自然と共感ができます。

そして、心底心配した言葉をかけるでしょう。

「痛かったでしょう」

「あれはたまりませんね」

これこそが共感であり、相手を包み込む優しさになります。相手は自分と同じ痛みを感じてくれているあなたに、心から感謝し親しみを持ちます。

「この人になら何でも話せる」

そう思い、いろいろなことを話してくれるはずです。

10 話をはずませるのに「気の利いた言葉」はいらない

共感力の高い人と一緒にいると、話し下手であっても次第に饒舌《じょうぜつ》になっていきます。しっかり共感してもらえれば、人は不安が消えて楽しくなり、自然と口を開くもの。

本当の共感力をマスターすれば、あなたは誰にとっても「一緒にいて居心地のいい人」になるのです。

多くの人が誤解しているのは、
「話をはずませるためには、何か気の利いた言葉が必要だ」
という考え。でも実際はそのようなうまい言葉は必要ありません。

会話とは気持ちのキャッチボール。言葉より先に、まず気持ちがつながらないと、コミュニケーションはうまくいかないものなのです。

とくに、〝会話のはじめで行なう〟キャッチボールは重要です。

相手が「私ね」と言って言葉を切ってあなたを見ていたら、相手の次の言葉を黙《だま》って待っていないで、必ず「うん」と相づちを返しましょう。

このときの相づちは、本当にただの相づちで構いません。

「うん」

「はい」

「ええ」

うまい言葉はまったく不要。これだけでいいのです。

会話の最初の間（沈黙《ちんもく》）は、相手が「今、話してもいいかな」と打診をしていると受け取ってください。

それにあなたが「うん」とか「ええ」と相づちを返せば、相手に対して「いいよ」と返事をしていることになります。

すると相手は安心して次の言葉を送ってきます。

（いいかな？）

（いいよ）

このやりとりは、二人の心に橋を架ける大切な儀式なのです。これが一つできるようになるだけでも、コミュニケーションはかなりレベルアップします。

あえて「沈黙」したほうがいいとき

「間が大切なのはわかりましたが、そのあと話が続かなくなったらどうするのですか？」

会話に自信がなければ、そんな不安が生まれるのも無理はありません。

しかし、共感力の高い人は知っています。

「沈黙があるからこそ話がはずむ」ということを。
たとえば、次のような会話を想像してください。

話し手「昨日ね」
聞き手「ええ」
話し手「夫と連休に行く旅行の相談をしたの」
聞き手「あら！　いいですね」
話し手「前からの計画でね」
聞き手「素敵！」
話し手「そしたらうちの夫、連休は釣りに行くつもりだって言いだしたのよ」
聞き手「なんですって！」

聞き上手は、ここで沈黙することを恐れません。
話し手がまた何か言うまで、顔を見ながら黙って待ちます。沈黙がつくる効果的な現象を知っているからです。

それはどんな現象でしょうか。


実は、会話がとぎれることを心配しないで沈黙すると、相手にもあなたにも、さまざまな映像が思い浮かびはじめます。

先の例の会話ならば、話し手にはこんな思いが湧いてきます。

「泊まりたい宿まで決まっていた」

「夫も一度は賛成した」

「夫の部屋は釣り具でいっぱい」


あなたも、いろいろ想像するはずです。

「悪い釣り仲間がいるに違いない」

「夫婦仲が悪いのかも」

「男とは勝手な生き物だ」

このように、あとからあとから想像が浮かび上がってくるのです。

これは沈黙があるからこそ生まれるもので、以後の会話を爆発的にふくらませる種になります。

沈黙は恐れるものではなく、積極的につくるもの。

沈黙は想像をふくらませる時間と考えて、意図的に黙ってみましょう。

◯「知らない話題」も歓迎しよう！

話し手「こないだね」

あなた「ええ」

話し手「Snow Manのコンサートチケット、申し込んだのよ」

あなた「あら」

話し手「そしたら、前から5列目の席が当たったの！」

話し手がそう言ってきました。

しかし、ああどうしましょう、あなたはそのSnow Manというグループのことを何も知らないのです。


このように、**「自分が何も知らなくて想像しようにもできない話」**をされたら、どうしたらいいのでしょうか。知らない話になっても楽しく会話ができたら、コミュニケーションの可能性の幅はずいぶん広がるはずなのに。


多くの人が誤解しているのは、知らない話になったときにも、「その話題について話をしなければならない」と思い込んでいるところ。

こういうときは、話題にされているSnow Manというグループについてではなく、話し手本人に焦点を当てて想像をしてみます。

Snow Manのことは知らなくても、話し手のことならばあなたも想像がつくことも多いはずです。

話し手の行動に焦点を当てれば話は盛り上がる！

たとえば、チケットを見た瞬間がどんな気持ちだったのか想像してみます。
するとこう共感できるはずです。

「それはびっくりしたでしょう」
「最高ですね」
「自慢できますね」

そう返すだけで、話し手は、あなたがSnow Manについて何も言わなくても、チケットを取れた喜びなどたくさんしゃべってくれることでしょう。
今度はその話をもとに、そのとき相手は何か言ったのか、何かしたのか、何を思ったのかなどを想像してみます。

「誰かに報告した？」
「大切なチケット、どこに置いてあるの？」
「コンサートには気合を入れて行かないとね」

話し手の行動についての質問を投げれば、相手の話は尽《つ》きないことでしょう。人は自分を主人公にして話をしてもらえれば、イメージが湧きやすいのでたくさんしゃべります。

このときの質問や相づちのポイントは、「Snow Man の曲では何が好き？」など、知らない話題については触れないこと。

それで出てくる話はあなたの知らない内容ばかりになりますから、あなたは気のない反応しかできず、次第に話がしぼんでしまうのです。

「この人は、目黒クンが出るテレビ番組はすべて把握している」「この人は、テレビを見ているとき、メンバーの中で目黒クンの扱いが悪いと感じるときがある」など、Snow Manではなく、話し手を中心に想像してみましょう。話し手がどう言うか、何をするか、何を思うかなどを想像してみるわけです。話の流れで、話し手が「今度の新曲はね」「メンバーの目黒クンがさ」といった、あなたが知らない話題になっても、もう大丈夫でしょう。

今度誰かと話をしているときに知らない話になったら、この方法を試してみてください。だんだんと、いい発想ができるようになります。

知らない話題でも恐れずに話を聞かせてもらえば、知らない話が知っている話に変わり、あなたの話題が増えることになります。

話がうまい人は、こうして話しながら相手から話題をどんどん手に入れて、世界を広げているのです。

11 共感するのが苦手な人が誤解していること

共感力は、神秘のコミュニケーション力です。苦手な人には理解するのがむずかしいため、私の教室でもさまざまな質問に出合います。きっと本書の読者にも参考になると思うので、代表的なものを紹介しましょう。

「共感って、オーバーに返すものなのですか？」

この質問には、たびたび出合います。なかには、次のような貴重な心のうちを聞かせてくれた人もいました。

「本心を偽《いつわ》り、相手に合わせるテクニックだと思っていました」と――。

しかし、これまでお伝えしてきた通り、共感とは相手の話をわが事として想像し、わが身をもって感じるものです。

これはつまり、とても高い感性を使うコミュニケーションだということ。

そこで、まずは形からでいいということにして、**「いいですね♪」**や**「困りましたね」**を使うことを試してもらっています。返す言葉に迷いがなくなり、相手の話を想像するゆとりが生まれます。

そうなると、もともと備わっている力が活躍しはじめます。そう、相手を想像する力はどんな人にも備わっているものなのです。

はじめは戸惑っていた生徒も、今では「いいですね♪」「困りましたね」以外にも、その場で感じた気持ちを自由に言葉にしています。入学当時のドギマギ緊張していたときの面影《おもかげ》はなく、会話を楽しむ人へ変身しているのです。

本書では共感の仕方として、何度も「話し手の想像をわが事として想像する」

と述べています。しかしそう聞くと、「共感とは相手の気持ちを言い当てること」と思う人も出てくるかもしれません。

しかし、超能力者でもない限り、他人の気持ちをすべて言い当てるのは不可能です。ですから、**そのときあなたが口にした言葉が、相手の思いとずれていても構わないのです。**

92ページで挙《あ》げた例で、「3歳の姪っ子がうちに来る」という話がありました。そこでは、かわいい3歳児を迎える話し手を想像し、こう伝えています。

「かわいいでしょうね」

しかしその反応に対し、話し手からこんな返事が来てしまったらどうしたらいいでしょうか。

「いえ、私は子どもが苦手で」

しかし、それはそれで構わないのです。

「あ！　小さいお子さんは苦手でしたか。じゃあ、あまりうれしくはないですね」

このように軌道修正すれば、相手も違和感なく応じてくれます。そこから話は先に進みますから、大丈夫です。

◯相手の考えや感性に同調できなくても大丈夫

こんな質問もあります。

「相手の言っていることに全然共感できないときはどうすればいいでしょう」

たとえば、相手がこんな話を振ってきたとしましょう。

「うちの犬に、子犬が生まれたんですよ」

相手はうれしそうに話しています。でもあなたが実は動物が大嫌いだとしたら生まれたばかりの子犬を想像しても、話し手と違ってまったくかわいいとは思えないはずです。

それなのに「かわいいでしょうね」と言っても、相手に「うわべだけだな」と感づかれてしまうでしょう。

確かにむずかしいコミュニケーションには違いありません。

こういうときは、自分の感覚ではなく、相手の立場になって表現することです。

あなたは動物をかわいいとは思わないかもしれませんが、たとえば自分の子どものかわいさならばわかるとしましょう。きっと、わが子を見るときのあの感覚に違いない。そう想像してみるのです。

対象が違っても、何かがかわいいという気持ちは同じです。

ニュアンス的には「あなたにとっては」という意味で共感をしてみましょう。

「(あなたには) かわいいでしょうね」

「(あなたはきっと) 家に帰るのが楽しみですね」

相手の気持ちになれれば、このように心から共感できるでしょう。

こんな質問もあります。

「私、想像するということ自体が苦手なんです。それでどうすれば共感できるでしょうか」

私たちの暮らしに想像力を育てる下地が少ないのは確かです。

テレビやYouTube、ゲームなどは、映像がダイレクトで届くので想像力を働かせる必要がありません。さらに子どもの頃から勉強といえば左脳を使うことばかり。仕事でも数字と前例の踏襲《とうしゅう》ばかり押しつけられています。

これでは、想像力など育つはずもありません。想像力は自由なところでしか成長できないのですから。

想像力を育てたいのなら、あえて映像のない世界に入ってみることです。音だけの世界で、映像を自由に思い浮かべてみるのです。

私は、名作の朗読《ろうどく》を聴くことをお勧めしています。ネットでもたくさん配信されていますね。

朗読音声を聴きながら、その場面を想像し、登場人物の表情や気持ちを感じ取ります。会話と違って一人でゆっくり取り組めるので、焦ることがありません。

一日5分ほどでいいので、毎日続けてみましょう。

あとはラジオもお勧めです。お好きなパーソナリティを見つけて、想像しながら聴いてみましょう。

トレーニングを積むうちに、聴いた話を映像にする力が備わってきます。

そうしたら、それを人との会話に応用します。相手の言葉に映像が瞬間的に浮かぶようになるでしょう。いずれ、何も考えなくても映像が自然に頭に浮かぶようになる日が来ます。

共感力は会話だけに役立つ力ではない

共感力には想像力という大きなバックボーンが必要です。**そしてこの想像力には、「新しい発想」という、とても魅力的なおまけがついてきます。**

たとえば新しい製品を開発するときなどに、開発者側の発想をやめて、それを使う取引先担当者、消費者の立場で想像することで、根本的に発想の違った製品が生まれることもあります。

また新しい商品を販売するときも、それを購入する人の気持ちになれたら、説明の手順がガラリと変わることも多々あるものです。

仕事で当たり前の発想しかできない人こそ、共感力を育てて逆転の発想力を身につけてはいかがでしょうか。

第3章

効果バツグン！
相手を「主役」にする話し方

相手が思わずうれしくなる気持ちの伝え方

12

心をつかむ話し方には「法則」がある！

少し話しただけなのに、心をつかまれてしまう人っていますよね。

その人から贈られた言葉はいつまでも心に残ります。それがＬＩＮＥやメールで送られたものなら保存して、ふとしたときに見返して元気を取り戻す材料にすることさえあります。

それを送ったのがあなたなら、相手はそのメッセージを読むたびにあなたを思い出します。このときその人はあなたに心をわしづかみにされているのです。

そういう会話やメッセージには、ある法則があります。
それは**相手が主役になっている**ということです。

会話でもSNSのメッセージでも、ほとんどの人は「私」の話をするものです。
それをこの本では**「マイストーリー」**と呼びます。反対に、相手を主役にしたもの、または相手を心に置きつつ送るメッセージを**「ユアストーリー」**と呼びます。

たとえば、やや形式張ったつき合いの相手からこう問われたとしましょう。

「お風邪《かぜ》などお召《め》しではないですか？」

こういった儀礼的な挨拶への返事でも、マイストーリーとユアストーリーのどちらで答えるかで、あなたの印象は大きく変わります。


「ええ、体は丈夫なものですから」

これはマイストーリーです。


あなたの心にあるのは自分自身。

「自分の優れたところをわかって！」

とアピールしたい気持ちがありありと伝わってきます。

「○○さんはいつもお気遣いくださって、優しい方ですね」

こちらがユアストーリー。

自分をアピールするよりも、相手の存在を心に置いてメッセージを送っています。人の心をつかむのは、当然こちらの人です。

人はいつも「自分が主役」でいたいもの

新入社員のあなたが、先輩からこう聞かれたとしましょう。

「会社にはもう慣れた?」

職場にも仕事にも慣れてきたあなた、まずは「はい」と答えましたが、そのあとは、どう続ければいいでしょうか。

「はい。人になじむのは早いほうなんで」

これはマイストーリーです。

また、こういう血気《けつき》あふれる返事をすると、職場では浮いた存在になりがちです。気をつけたほうがいいでしょう。

「はい。先輩をはじめ、みなさんがよくしてくださるので、すぐ慣れました」

まさにユアストーリーです。

自分のことを心に留《と》めて、自分を主役にして話をしてくれる――こんなことをいってくれる人、メッセージを送ってくれる人なら、誰だって好きになるに決まっています。

では、ふだんあなたが他人に出しているメッセージは、ユアストーリーでしょうか、それともマイストーリーでしょうか。

それはあなたのＬＩＮＥを見れば、一目瞭然です。

ここで一度チェックしてみましょう。

「帰りは21時頃です」
「晩ご飯はいりません」
「10分遅れます」

ＬＩＮＥで一番多いのはこのような用件でしょう。自分の都合を伝えるいわば道具的なメッセージです。もちろんＬＩＮＥは基本的に用件を伝える道具ですから、それが悪いということはありません。

ただ、相手の立場から見るとどうでしょう。

送られてくるメッセージのほとんどが自分の都合だけであれば、相手は「この人は自分を大事に思っていない」と感じ、寂しく思うでしょう。

とくに家族や長くつき合っている恋人へのメッセージは、手を抜きがちになりますが、自分の一番大切な人に手を抜いてしまうと、その人の心を失うことにつながります。

では、用件以外のメッセージはどうでしょうか。

夫や妻、子ども、友人、職場の人に送ったメッセージに綴《つづ》られているのは、自分のことばかりではありませんか。

「毎日残業で疲れる」
「いまランチ中」
「電車、遅れてる。もう15分も待っている」

こんなものばかりなら、相手にとってあなたからのメッセージは価値の低いものになり、**ただ読み飛ばされるだけの存在**になっている可能性があります。

次に知り合いからのメッセージを見てみましょう。

ほとんどの人が見事にマイストーリーになっているはずです。

私の生徒の一人は、会社の同期からのＬＩＮＥメッセージを見直してこう笑いました。

「『いまドトール』とか『雨で暇《ひま》だからマンガ50巻一気読み』とか、自分のことばっかり。私からしたらホントどうでもいい！」

まさにマイストーリーの嵐《あらし》。マイストーリーならぬマイストリームです。

人は自分をわかってほしい生き物。だから会話でもコミュニケーションツールでも、「私」という主語を使って語ることが多くなるのは仕方ありません。

しかしそれでは、相手の心には何もひっかからず〝既読スルー〟で流されてしまうのです。

「大丈夫ですか？」のたった一言でうれしくなるわけ

とはいえ、ＬＩＮＥ使用者がいつもマイストーリーばかり発信しているわけではありません。

たとえば、あなたの家の近くを台風が通過した、あるいは近くで地震があったというときには、こんなメッセージがＬＩＮＥ仲間から届くでしょう。


「大丈夫ですか？」

「被害は出ていませんか？」


こういったメッセージに触れると、誰もがふとうれしくなることでしょう。

それは「あなたのことを気に留めています」というメッセージであり、ユアストーリーだからです。

その人の中に、私という存在がいる――そう感じるだけでも、メッセージを受けた人は心が温かくなり安心感が生まれます。そういう言葉を意識して使えるようになれば、あなたの人間関係はずいぶん違うものになるでしょう。

なぜユアストーリーをもらうと人は喜ぶのでしょうか。

それは誰もが、自分のことをわかってほしいと願いながら生きているからでしょう。

でも、世の中に自分のことをすべてわかってくれる人など、そういないのが現実です。妻も夫も、上司も部下も、誰もが「自分のことをなかなかわかってもらえない」――そんな寂しさを心に隠して生きています。

だからこそ、あなたが今日会った人のことをわかってあげられる人になれたら、あなたはその人の印象に強く残り、大切な人と思ってもらえるに違いありません。

「そんなこと言われたのははじめて！」

相手にそう言わせてしまう「ユアストーリーでの伝え方」を、次項からお話しします。

13
相手を主役にして話す練習をしよう

自分語《がた》りばかりのマイストーリーに対して、相手を心に留めてメッセージを送るユアストーリー。これが自然にできるようになれば、**あなたの人間関係は激変するはずです。**

では、ユアストーリーはどうすれば身につけられるでしょうか。

私は「まずはメールやＬＩＮＥなどのＳＮＳメッセージから始めてみましょう」とお勧めしています。

メールやＳＮＳから始めるのは、そこで考えるゆとりが持てるからです。

会話だとすぐに言葉を返す必要がありますから、慣れていない人にはむずかしいもの。でも、**メールやSNSなら、思いを文章に落としてから送るため、ゆっくり考える時間が持てます。**

もちろん会話でもユアストーリーで話してもらいたいですが、それはSNSでのトレーニングのあとで構いません。

毎日使うメールやLINEでユアストーリーに慣れてきたなら、きっと会話でも同じことができるようになるでしょう。

秘訣は「相手のことを思い浮かべて」言葉を送る

あなたがある人にちょっとした用件を送ることになったとしましょう。

伝えたいことを打ち込み、送信する前に、ちょっと手を止めてください。

そこで一度、送る相手のことを思ってみるのです。

すると、その人に関するいろいろな情報が浮かびませんか。

たとえば、「最近、寝不足って言っていたな」「資格の試験を受けたのだった」「確か勤務地が変更になったような」……。

相手のことをいろいろ思い浮かべつつ言葉を足すと、立派なユアストーリーができ上がります。

「そういえば、最近寝不足って言ってたけど、大丈夫？」
「資格試験お疲れ様。気を張り詰めっぱなしだったでしょう。一杯やりましょう」
「あ、職場が変わったんだよね。もう馴染《なじ》みましたか」

ちょっとした文章なのですが、相手は自分を主人公にしてメッセージをくれるあなたに、とても感謝してうれしい気持ちになるはずです。

そして、あなたのことを、とても大事な人として記憶することでしょう。

私の教室でこのレッスンを受けた女性が、こう教えてくれました。

「ＬＩＮＥを見ると、親だけはいつもユアストーリーなんですよね」

体は大丈夫か。無理はしていないか。親御さんはいつもそんなメッセージを送ってくるそうです。

「当たり前に思っていましたが、あらためて見たら、親ってありがたいですね」

これを聞いたとき、いいお話だなと感じたものです。

相手のことを思ってメッセージを送る。目の前にいる相手のことを主人公にして話をする。どちらも試してみると、とても心が温かくなります。それは心優しい行動だからでしょう。

その温かさは自分に贈られるプレゼントです。結局、人に優しくすることは自分に優しくすることになります。恥ずかしがらずに積極的に使ってみてください。

簡単なのに印象に残る「引用」のワザ

私の友人でゴルフ仲間でもある男性は、一流の営業マンで役職は営業本部長。

10億円以上の売り上げを彼一人でつくっています。

ところが、コミュニケーションはほとんどマイストーリーなのです。

ある夜、彼を含む友人たちが私の還暦《かんれき》祝いをしてくれたので、翌朝それぞれのメンバーにLINEでお礼のメッセージを送りました。彼へ送ったメッセージはこんなものでした。


「○○さん、夕べは本当にありがとうございました。

私のことを父親のように思っているというお言葉、感激いたしました。

また次のゴルフもどうぞよろしくお願いいたします」


ここで一つ、私はユアストーリーのテクニックを用いています。

それは「私のことを父親のように思っている」と、相手が昨夜口にした言葉を引用したこと。相手の言葉を使ってメッセージを送るのは、ユアストーリーの極意です。

さて、それに対する彼からの返信がこれです。

「こちらこそありがとうございました。
次のゴルフまでに練習をしておきます。
月曜日は会議デーなのでゴルフはむずかしいです。
業務量を減らさねばなりません」

自分のゴルフ練習について語り、自分の予定を述べ、自分の仕事についてコメントする。すべてが見事なマイストーリーで、自分のことしか書いていません。

そんな彼ですが、私の研修を受け、LINEでのトレーニングの結果、コミュニケーション力もずいぶん高まりました。
これは先日彼からもらったメッセージです。

「野口さんから、超一流のビジネスマンと言っていただけて、本当にうれしかったです」

以前とうって変わり、こちらは完ぺきなユアストーリー。彼もまた極意を用いて、「超一流のビジネスマン」と私が言った言葉を引用しています。

こういうメッセージを返せるようになれば、コミュニケーションも一流です。持ち前の営業力に新しいスキルが加わって、彼の魅力がいっそう高まったことは言うまでもありません。

ポイントは「誰を心に置いているか」

「でも、『野口さんから超一流のビジネスマンと言っていただけて、本当にうれしかった』というのは、マイストーリーではありませんか」

そう思った人がいるかもしれませんね。

うれしかったのは「私」なのだから、マイストーリーではないか——そういう質問をよくいただきます。

マイストーリーとユアストーリー。その違いは、**心に誰を置いて語っているか**にあります。

「あなたから……と言ってもらえてうれしかった」という言葉の中には、明らかに相手という存在がいます。

そして何より、そのメッセージを読んだとき、相手が喜んでくれるというのが最も重要なところ。

そういう意味で、私はこの表現をユアストーリーだと感じているのです。

14 相手を思う気持ちを言葉にするコツ

これは個人レッスン中に起きたお話。ある男性にユアストーリーをＬＩＮＥのメッセージで考え、誰かに送ってもらうことにしました。

彼が言うには、そもそもＬＩＮＥはあまり使わないので「送れる相手といえば、新潟の実家にいる姉ぐらい」なのだそうです。

そこで私は聞きました。

「では、そのお姉さんにどんなメッセージを送りたいですか？」

「今は真夏なので、『熱中症に気をつけて』と送りたいかな」

私はユアストーリーを加えてその言葉を送るよう提案し、どんなメッセージにするかをその場で考えてもらいました。

彼が最初に考えたものがこれです。

「新潟はフェーン現象が起きると暑いから、熱中症に気をつけて」

これではまるで天気予報。その点を正直に彼に告《つ》げ、私も手伝って、最終的に次のようなメッセージをお姉さんに送りました。


「姉さんは暑いのに弱いから、熱中症に気をつけて」


お姉さんが主役の、とてもいいメッセージです。

受け取ったお姉さんの反応を知りたいところですが、彼は「姉はＬＩＮＥの返事が遅くて、だいたい次の日にならないと来ません」と言います。

ところが、返事はすぐ来ました。

それは送信したほんの数分後で、彼がまだ私の教室にいるうちでした。

「すわ、一大事！」が生んだ物語

お姉さんからのＬＩＮＥを見た彼は大笑いしはじめました。そして私にメッセージを見せてくれたのですが、そこにはこう書いてありました。

「○○、今どこにいるの？　新潟？」

これの何がそこまで笑えるのだろう？——そう私が思って彼を見ると、

「どうも姉は、私が死ぬ気なのではと心配したみたいです」

そう言いながら、まだ笑っています。

彼曰《いわ》く、いつものメッセージでは帰省する日程や何泊するかなど、本当に用件しか書かないのだそうです。

「こんな優しい言葉など書いたことがないので、姉は私が今、ふるさと新潟の海岸あたりにいて、死のうとしている(!)……と思ったんじゃないですか」

そこでまた大笑い。

しかしその直後、そのLINEを見ながら、彼はしみじみとした感じで付け加えました。

「コミュニケーションってこんなふうにとるものなんですね……。自分が今まで結婚できなかった理由がわかりました」

真面目《まじめ》な顔で言うではありませんか。私までジンときてしまいました。

彼のお姉さんは勘違いから返信を急いだのかもしれませんが、ユアストーリーでLINEやメールを送ると、**ふだんは返事が遅い人でも反応がとても速くなります。**

そもそも彼のメッセージが「姉さん、あなたのことを気に留めています」というユアストーリーだったからこそ、お姉さんも返信を急いだのでしょう。

ちなみにその勘違いメッセージのあと、彼のＬＩＮＥにはお姉さんからの連絡が頻繁《ひんぱん》に入るようになりました。

しかも、文字数がふだんの数倍になり、内容にも熱がこもるようになりました。つまりすごく喜んでくれているのがよくわかるのです。

相手を思うあなたの気持ちが伝わったら、今までなかったような交流が生まれます。それはあなたのコミュニケーションが1ステージ上がったことを意味します。ユアストーリーを一度試してみれば、きっとそのことを実感できるでしょう。

彼は今もうれしそうに話してくれます。

「あのＬＩＮＥを送って本当によかった」

そう、コミュニケーションは使い方次第でこんなに素敵な物語を生むものなのです。心根がとても優しい彼にいいお相手が見つかるのは、時間の問題だと思います。

15 感謝の気持ちを表現するこんなテクニック

以前私が飲み会の幹事をしたときのこと、後日こんなお礼のメッセージをくれた方がいました。

「素晴らしいお店でした。
私一人では何年かかってもめぐり合えないところでした。
参加して本当によかったです。
ありがとうございました」

こんな素敵なメッセージを送る（贈る）人なら、毎回お誘いしたくなりますね。

その一方で、驚くべきデータを目にしています。職場などの飲み会のあと、幹事にお礼のメッセージを送る人はたった1割だというのです。

いつからそんなにせちがらい世の中になったのか。

データを見たときはそう寂しく思いましたが、その後《ご》「それは違うか」と考え直しました。

もしかしたら、送るべき言葉を持っていないのではないか。

だから、感謝の気持ちはあっても、それを言葉にして送れずにいるのではないだろうか――と。

「ありがとう」だけなら送らないほうがマシ？

確かにSNSで使う「ありがとうございました」とか「お疲れ様でした」という言葉には、気持ちがこもっていないことが多いもの。

スマホで「あ」と打っただけで「ありがとうございました」が予測変換で出てきます。とてもラクですが、その分ハートはこもらない。もらったほうもスッと読み流してしまいます。

SNSでの「ありがとう」や「お疲れ様」は、もはや「単なる用件」でしかなくなった、と考えていいでしょう。多くの人が「ありきたりなメッセージなら送らないほうがマシ」と思うのも、仕方がないのかもしれません。

しかしだからといって、**感謝の気持ちがあるのに伝えないままにしてしまう**のは、コミュニケーションを教える私から見たらとてももったいなく思えます。

ユアストーリーで、お礼のメッセージを考えてみましょう。形式だけの「ありがとう」ではない、素敵な言葉が必ず見つかります。

では、これからそのトレーニングを始めましょう。

ユアストーリーの基本は、人をよく見ること。飲み会での幹事さんの行動を思い返してみましょう。どんなことをしていただろうか、どんなことを話していただろうかと思い出してみます。

相手をよく見て、場面を切り取り言葉にする

たとえば、「幹事さんはあちこちを動き回って、みんなが楽しんでいるかどうか気を配《くば》っていた」「会場には早く着き、終了後は全員が退場したあとも周りを見回して忘れ物などのチェックをしていた」「私のテーブルに食べ物がないのに気がついて、ほかのテーブルから焼き鳥の皿を持ってきてくれた」……。

そんな素敵な瞬間を思い出せたら、その場面を言葉にします。

前に「相手の言葉を引用するのがユアストーリーの極意」と述べましたが、今度は「相手の行動を引用する」というわけです。

さらに、そのときにあなたが感じた印象、つまり感謝の気持ちを加えてメッセージにしてみましょう。この場合、**長々と書くよりも、短くシンプルな文のほうが相手の心を打ちます。**

「ずっと周りに気を遣って、
あまり食べたり飲んだりできなかったのではありませんか。
○○さんのおかげで私たちは本当に楽しい飲み会になりました。
ありがとうございました」

「会場には早く着き、終了後は忘れもののチェックまでしてくださって、
本当に気配りの方なのですね。
私もお手本にさせていただきます」

「○○さんが手渡してくださった焼き鳥、本当においしかったです。

○○さんのお気遣いで、何倍も楽しい飲み会になりました」

こんなメッセージを受け取ったら、幹事さんはどう感じるでしょうか。

「自分のことを気にしてくれて、よく見てくれていたんだな。うれしいな」

そう思うでしょう。

ここでは飲み会という非日常的なイベントを例に述べましたが、ふだんから他人の振る舞いや気遣いに気を配る意識を持つと、喜ばれるメッセージが送れるようになります。

相手を思い、その中の1シーンを切り取って言葉にする。

これがユアストーリーの大事な秘訣《ひけつ》なのです。

16

相手の出身地や趣味、得意分野、予定を積極的に話題にしよう

ユアストーリーの極意として、相手の行動や言葉を引用することをお伝えしてきました。「あなたのことを気に留めています」と伝える一番の方法は、やはり**相手が言ったことを覚えていること**です。

たまたま覚えていたことを言葉にしたら、相手がとても喜んでくれたという経験はありませんか。ユアストーリーではそれを積極的に使います。

むずかしいことはありません。たとえば、相手の出身地を覚えているだけでも、とても喜んでくれます。

「そういえば、○○さんは群馬のお生まれでしたね」

ほかにも、趣味や得意分野のこと、ちらっと耳にした予定などもいいでしょう。

「土日はお蕎麦《そば》を打っているんでしたね」

「学生時代は登山部にいらっしゃったんですよね」

「会社は今度お引っ越しをなさるんでしたね」

こんなふうに相手のことで覚えていることを話題にするのです。

本当の聞く力は「聞いた内容を覚える力」

こちらから話題として投げかけるのもいいですが、そうしたユアストーリーは会話の流れの中で、ふと思い出したように使うとより効果的です。

たとえば先ほど例に挙げた「相手は学生時代、登山部だった」という話を、健康法の話になった機会にふと思い出したように使ってみます。
相　手「駅ではエスカレーターを使わず、なるべく階段を使っているんですよ」
あなた「そういえば、学生時代は登山部だったとおっしゃっていましたよね」

このようにタイミングよく使えると、より喜んでもらえます。

相手はあなたが自分のことを深く記憶していて、自分に価値を感じてくれていると思うからです。

しかしこのように相手の話を使うには、今よりも気合を入れて人の話を聞く必要があります。第2章でお伝えした通り、相手の話をしっかり想像し、そこから感じるものを強く覚えるような意識が必要になります。

こんな取り組みをすると、**「話を聞くのは意外に重労働だ」**と気づくことでしょう。

「私は人の話を聞くほうが好きで」などと言う方がいますが、おそらく「聞いている」のではなく「聞き流している」のかもしれません。相手から見ると、満足のいく聞き方にはなっていない可能性があります。

相手にとって大事なことほど覚えておこう

人というものは、自分に関心のあるテーマなら相手の話したことを覚えています。でも、自分が興味を持てないテーマだと本気で話を聞かないので、その内容を覚えてはいないものです。

たとえば相手の話が「来週アメリカまでサッカーのワールドカップの試合を観に行く」という内容だとしましょう。

たとえあなたがサッカーファンでなくても、アメリカまで行くという話はインパクトが強いですから、あとから「ワールドカップを観にアメリカまで行ったんですよね」と話題にするでしょう。

でも、相手が「土曜日の午後に、ＺＯＺＯマリンスタジアムにロッテの応援に行く」と話した場合はどうでしょう。

相手は熱烈なロッテファンのようですが、あなたが野球にまったく関心がなければ、よほどのことがない限り、次に会ったときにそれを話題にすることはないはずです。

ところが人の心をわしづかみにする人は違います。

再会の時を待たず、相手が試合を観に行く予定の土曜日にこんなＬＩＮＥを送るでしょう。

「今日はロッテの試合を観に行く日でしたね。ロッテが勝ちますように」

こういう人はメッセージを送る時間にも気を遣い、試合が行なわれる午後ではなく、その人がスタジアムに向かっている午前中を狙うはずです。試合中だと、気を散らしてしまいますからね。

もちろん後日にもその話を持ち出します。相手は喜んで話をしてくれるでしょう。

仕事のできる人、異性の気持ちをつかむのがうまい人、家庭生活を幸せに過ごす人というのは、こんな習慣を持ち、そして努力を重ねているのです。

ぜひこれを、今後のテーマにしてみてください。あなたの好感度は必ず上がるはずです。

第4章

一気に親しみが
湧いて距離が
縮まる話題

仕事以外で
語れるものが
ありますか？

17

「自分」を伝える努力をしていますか?

「どちらにお勤めですか」

「その若さで課長とは、素晴らしいですね」

かつての企業社会ではこんな会話がよく行なわれたものです。

しかし今後は、こうしたお決まりのやりとりは、成立しづらくなるのではないでしょうか。

働き方が変わればコミュニケーションも変わる

今、日本の働き方には大きな変化が生まれつつあります。副業を持つことや会社に在籍しながら起業するといった従来なかった働き方も、どんどん認められるようになっています。

つまり、勤め先や肩書といったものの価値が人によってまちまちになり、共通の話題として使えなくなるのです。

またこれからは、一つの会社で定年を迎える人は少なくなり、定年という制度自体消えるかもしれません。

多くの人が80歳近くまで働く一方で、若くして会社を移るのが当たり前のことになります。老若男女、外国人も含めてありとあらゆる人間たちが、あなたの隣にやってきては、また去っていく。そんな時代が、もうそこまで来ているのです。

職場環境がそのように変わっていく今、仕事の話しかできない人はまったく魅力を感じてもらえません。

これからの社会では、自分自身を巧《たく》みに表現して、相手に伝えられる力が必要となるのです。

人の入れ替わりが早くなれば、人間関係はより大事になります。前の仕事で出会った人と、また別の仕事で出会うといったことも容易に想像できます。

以前は部下だった人、自分が客で相手が売り手であった人と、今後は立場が逆転することだって十分あり得ます。

また人生が長くなれば、職権や客としての立場を利用して他人を苦しめ、損をさせるような人は、どこかで大きなしっぺ返しを食《く》らうことも考えられます。

人が長く生きる時代では、意地悪や利己的ということはわが身を滅ぼす大きな欠点となるのです。

多くの経営者が**「ビジネスで最後に生き残るのは人柄のいい人」**と断言しています。

なぜなら、人柄がいい人のもとには人脈を通じて多くの情報が集まるからです。

いくらインターネット全盛の時代とはいえ、人間が持つ生《なま》の情報にはかないません。

その点、人柄のいい人は誰もが応援したくなるので、自然とその人に役に立つ情報が集まるわけです。

そこでマスターしておきたいのが、**周りにいる人をほっとさせるコミュニケーション**です。

ただ話がとぎれないだけではなく、一緒にいる人に居心地のいい思いをさせる力を持つ人は、どんな場所でも必要とされ歓迎されることでしょう。

この章では、第2章でお伝えした「共感」のあとで取り組むべき展開について、お話ししていきます。質問したり、自分の話を織り交《ま》ぜつつ、いかにして話を広げていくかがわかり、そしてまた、相手とともに居心地のいい思いをするコミュニケーションの秘訣が身につきます。

18 すぐに話がとぎれてしまう人の会話のクセ

男性は、それも仕事人間の男性は、仕事の話しかできない人が少なくありません。そしてその話はたいてい面白くありません。

仕事の話しかできない人の会話の特徴は、**話がどんどん一点に集約されていく**ところです。

たとえば「出向《しゅっこう》で子会社の役員になりました」という人の話を聞いたとしましょう。

「会社はどこにある」

「社員は何人」

「売り上げはいくら」

このように、話を「情報」へと誘導する人はとても多いものです。

そうなれば返ってくる言葉は一つしかありません。

↓「会社は広島県」

↓「社員は300人」

↓「売り上げは10億」

質問に答えておしまい。それ以上、話をふくらませることはできないでしょう。

その後、話を続けたとしても、「広島グルメといえば」↓「お好み焼き」、「近場のいいところ」↓「やっぱり宮島《みやじま》」、「おみやげは」↓「もみじ饅頭」と、また答えが一点に集約する話をして「はい終了」となるわけです。

「これは私のことだ!」

ここまで読んで、ハッとした人もいるかもしれません。多くの人がついやってしまう、会話のクセといえるでしょう。

論理的な人の話がつまらない理由

私が実際に耳にした会話でも、同じような展開がありました。

ある女性が、娘さんが芸術系の大学に進むことになったという話を始めました。

「でもね、学費が年に200万円もかかるんです」

周りでは数人がその話を聞いていて、「200万円」という言葉を耳にした瞬間、「ひえー！」と反応しました。


ところが——。

隣にいた男性がすかさずこんな質問をしたのです。

「音楽系ですか、絵画系ですか？」

この質問のおかげで、周りの人たちの気持ちは一瞬で冷《さ》めてしまいました。女性が「あ、音楽のほうです」と答え、それで話が終わってしまったのです。

これは男性に多く見られる特徴で、脳の中でも数学を解くときなどに使う論理的な部分を働かせて会話をしています。

数学は答えを出せばそれでＯＫですが、会話は答えを出して終わらせるものではありません。そうなると気まずい思いだけが残ることになります。

話の中に情報が欠けている部分を見つけては、それを穴埋めしたくて質問するような論理一辺倒《いっぺんとう》の会話はまったく盛り上がりません。

しかし、男性はこういった会話をする人が少なくありません。

「あの人は今、どこの部署にいる」

「あの人の役職は、今はこうだ」

「あの営業所は、今度こうなる」

脳の論理的な部分で話すからつまらなくなるというのなら、脳のどの部分を使うと会話が広がり楽しくなるのでしょうか。

実は、それは女性の会話にヒントがあるのです。

ここに注目すれば話はどんどん広がる!

多くの女性たちの話には、終わりがないように見えます。

おそらく女性は、「男性とは違う脳の部分」を使って会話をしているのだと思います。

女性だけでなく、**会話がはずむ人がよく使うのが、話題を「気持ち」に持っていくことです。**

会話では相手が思い浮かべている映像を想像(イメージ)するといいと前に述べましたが、「気持ち」を話題の中心に置くと、そのイメージは急速にふくれあがります。

話題の中心にあるのは、お互いの気持ち。このため、会話がとぎれずに進むのです。

あなたも相手の話を聞いたら、「いつ」「どこで」「誰が」と聞く前に、**「それはどんな気持ちなんだろう」「そこにどんな気持ちがあるんだろう」**と感じる意識を持ってみましょう。

たとえば、「出向で子会社の役員になりました」という話を聞いたら、まずそこにありそうな気持ちを探してみます。自分に当てはめて想像してみるといいでしょう。

所属企業の子会社に役員として出向となったら、あなたはどんな気持ちになるでしょうか。

はじめはあまりひねらずに、「子会社とはいえ役員はうれしい」「張り切る」

「憧れ」など、オーソドックスな気持ちから始めればいいでしょう。
想像したら、そのまま相手に聞いてみてください。

「役員といわれたら、やっぱりうれしいものですよね」
「張り切りますよね」
「役員は会社員の憧れですもんね」

何かを問いかけるという点は、男性も女性も同じです。
しかし、男性も女性も論理ではなく気持ちに焦点を当てて尋ねれば、お互いの想像力がふくらんで楽しい話の始まりです。

気持ちを使った言葉で会話をするだけで……

別の事例として、今後会社には転職で中途入社してくる人が増えるでしょうから、あなたの部署に新しく配属された人との会話を考えてみましょう。

たとえば、年齢も経験も違い、共通の話題はほとんどないとします。

そんなときこそ、**気持ちを使った言葉で会話をする**ように努力してみましょう。

「うちに来てびっくりすることもあったでしょう」

「みんな優しくしてくれますか」

そのとき、相手の表情がぱっと明るくなったら、その会話で、いいイメージがひらめいたときです。きっと会話がはずむことでしょう。

19 ネガティブな気持ちを上手に話題にできる人

163ページで挙げた例に、相手が「出向で子会社の役員になった」というものがありました。

そこでは「うれしい」「張り切る」「憧れ」というポジティブな気持ちを想像していますが、「実は左遷《させん》でしょんぼり」など、ネガティブな気持ちを想像した人もいるのではないでしょうか。

「ネガティブな気持ちを話題にしたら、相手が気を悪くするのでは……」

そう気を遣って、話題にすることを控《ひか》えてしまったかもしれません。

話が苦手な人は、このように「ネガティブ＝話題にしてはいけないこと」と誤解している場合が多いのです。

楽しい話ができるかどうかを分ける決め手は、この**ネガティブな気持ちを自由に操《あやつ》ることができるかどうか**にかかっています。

では、「子会社への出向」に、今度はネガティブな気持ちを感じてみましょう。子会社側の人から見れば親会社から出向してきた人に冷たい対応をする人もいるかもしれません。ただしそこで「冷たい人もいますよね」と言うのは、相手の気持ちに触れていません。

相手を主役にして想像すると、「周囲との対応には気を遣う」という気持ちが見つかるでしょう。

「出向先では気を遣うことも多いでしょうね」

そう聞けば、出向先の誰かが新しい登場人物として話題に出てくるかもしれません。すると、その後の話に大きな展開が期待できます。

冷たく当たる人の話が出たら「会社にはいろんな人がいますからね」と続ければ、今度はいろいろな人へと想像が飛び、話はどんどん広がります。

ほかにも「プレッシャーもある」とか「心配なこともある」など、慣れてくればさまざまな気持ちがあることに気づけるようになります。

相手に「心のうち」を話してもらう効果

実はネガティブな気持ちとは、言葉に変換されて、それを他人が「それは困るね」などと受け止めてくれた時点で小さくなる性質を持っています。

ですから「気を遣う」「プレッシャーを感じる」「心配もある」などの気持ちを話題にすると、相手も喜んで話してくれるでしょう。

気持ちを話すと、気分がラクになる。このことを覚えておいてください。

「気を遣う」「やめたくなる」「いやになる」「投げ出したくなる」――。

こういったネガティブな気持ちは、ふだん言葉にして表現されることが少ないので、話題にされるととても会話がはずみます。心に溜《た》まっていたものがどっと吐《は》き出されるように、言葉になって出てくるのです。

「家も仕事も投げ出して好きなことができたら、って思うことありますよね」

そう言われると、多くの人が「そうそう」と乗ってくることでしょう。

もちろん、ネガティブな気持ちを話題にしてはいけないときもあります。

それは大きな悲しみ、大きなショックを受けた人に対するときです。

そのような気持ちは、本人もまだ受け止めることはできません。家族が亡《な》くなった人に「これからの生活が大変だね」などの言葉は、誰だって絶対にかけないはずです。

この違いは、どなたにも理解していただけるでしょう。

感情は誰もが理解し、共感できるものです。

ですから、「うれしい」といったポジティブな気持ちだけでなく、「困った」「ショック」「つらい」などのネガティブな気持ちもまた、人類共通の話題といえます。この部分で話ができるようになれば、もう共通の話題を無理に見つける必要はありません。

一つの話題にさまざまな気持ちを見つけられるようになれば、もう会話で困ることはなくなるでしょう。

20 実は話題にしてほしいこんな「微妙な気持ち」

「私、結婚しました」

こう聞けば、誰もが「幸せ」という気持ちを思いつき、それを言葉にするでしょう。

しかし、そのような誰もがわかる、よくある気持ちの裏には、

「一緒に暮らすとお互い腹が立つこともある」

とか、

「独身時代に思い描いた結婚生活とちょっと違う」

といった、ただ幸せというだけでない微妙《びみょう》な気持ちもあるものです。

コミュニケーションが上手な人は、それをうまく想像して話題に取り入れ、会話をふくらませていきます。

「幸せな毎日でしょう」といった当たり前の話を十分にしたあとで、相手の微妙な気持ちにも触れていくのです。

「でも、実際一緒に暮らしてみると『ここだけは腹が立つ』ってこともありますよね」

そう話を向ければ、相手も待ってましたとばかりに面白い話をしてくれるでしょう。

相手の感情にあえて踏み込んでみる

人の気持ちは、そう単純ではありません。結婚したばかりだからといって、心のすべてが幸せに満ちみちているわけではありません。

また「会社で昇進した」という人も、誇らしさを感じる一方で、不安やプレッシャーも感じているでしょう。

そういった**微妙で繊細な気持ちを感じ、それを表現できる力**を磨いていきましょう。これが会話をふくらませるのに、大いに役に立つのです。

人の気持ちを想像するには、経験者の話を聞くのが一番です。

先ほどの結婚話でいえば、未婚の人でも知り合いからそういう話をよく聞かされているのではないでしょうか。

微妙で繊細な気持ちを察して会話に取り入れれば、相手は自分の経験について、感じている気持ちを交《まじ》えて聞かせてくれます。こうしてまた新しい話題があなたのものになるわけです。

微妙な気持ちに気づく、ひとりレッスン

テレビや映画を見るとき、小説を読むとき、そこに出てくるエピソードから、人が持つさまざまな気持ちを学ぶことができます。

しかし最も効果があるのは、やはり人から直接聞く話です。思いもよらぬ生の気持ちが聞けて、人間を理解するうえで大いに役に立ちます。

相手からふともれ出てくる話は話題の宝庫

繊細で微妙な気持ちを想像するレッスンをもう一つしてみましょう。

160ページで取り上げた「娘が芸術系の大学に合格したが、その学費に年間200万円かかる」という話を使って、話し手の女性の気持ちを想像してみます。

「うれしい」という気持ち。その反面「お金が大変」という気持ち。ここまでは誰でも想像がつくでしょう。

さらにもっと複雑な気持ちがあるはずですが、それは、さまざまな人の話をより多く、より深く聞く経験を重ねるうちに知ることができるようになります。

たとえば、「親が苦労しているのに、子どもがあまり感謝していないことに腹が立つ」という気持ち。

こういう気持ちは、子を持つ親ならば少なからず経験していることでしょう(もちろん、子の立場で経験している人もたくさんいますが)。

「娘さんには親の苦労やお金の心配をわかってほしいですよね」

微妙な気持ちに触れる話は、ほかの場面でも応用が利くのがいいところ。

たとえば右の例なら、上司と部下の話に置き換えたりできますね。

「上司の苦労や気遣いを部下にわかってもらいたいですよね」

人と会話するときに気持ちに焦点を当てて話を聞けば、ふともれ出てくる話がたくさんあります。共感と気持ちを想像する力でいろいろなエピソードや気持ちを引き出してください。

出てきた話はすべてがあなたの知識になり、いい話題になるのです。

21
自分の感情に「気づく」だけで、会話は豊かになる!

話し相手の気持ちをさまざまに想像する際、人はまず自分の気持ちを感じ取って、それを相手に当てはめて理解しています。

もしあなたが他人に共感することや人の立場になって想像するのが苦手ならば、**「もしかしたら、自分の気持ちを感じるセンサーが鈍《にぶ》っているのかも……」**と考えるといいでしょう。

センサーが鈍る原因には、多くの場合、怒りなどのネガティブな気持ちが関係しています。そういった気持ちを感じ続けるのは苦痛なので、人は心に蓋《ふた》をしてしまいます。

しかしそれはほかの気持ちも押し込め、感じなくしてしまうのです。

会社はときに理不尽《りふじん》な要求を押しつけてくることもありますし、自分勝手な顧客もいます。

セクハラやパワハラに遭《あ》わないように、職場の人づき合いにも気を遣わざるを得ません。

そんな環境のもとで、会社で働く多くの人が、

「怒ってはいけない」

「人と争ってはいけない」

と自分を戒《いまし》め、穏やかな顔を取り繕《つくろ》わねばならないのです。

「もう、自分の感情なんて構っていられるか！」

そんな心境でしょう。苦しいはずです。

心に蓋をしたまま話をしていませんか？

心は「感情の通り道」です。何かの感情を抑えつければ、ほかの感情も感じることができなくなります。怒りや悲しみを抑えつけすぎると、ほかの感情も消えて笑顔も出にくくなってしまいます。

笑顔を見せない人との会話ははずまないものですよね。表情がないと共感力が下がり、話し相手として面白くないのです。

心の蓋を取って、会話をしてみてください。

といっても、暴言を吐いたり、相手に怒りをぶつけたりする必要はありません。**怒っている自分に気づく。**まずは、それだけでいいのです。

ある男性は後輩が仕事で成功したときに、素直に「おめでとう」と言えませんでした。彼はそういう自分から目をそらしていたのですが、私のレッスンを通じて、自分の怒りに気づきました。

「後輩に先を越されたのが悔《くや》しく腹が立っていたんですが、そう思う自分にも怒っていたんですね」

こうして客観的に自分の気持ちを眺《なが》めてみたら、次の機会に「おめでとう」の言葉が自然に出てきたそうです。

怒りや妬《ねた》みといったネガティブな気持ちは、人にあって当たり前のものです。そういう自分に気づき、それを認めてあげるだけでも、気持ちはラクになります。

たまには自分の心と話をしてみてください。怒りを愚痴《ぐち》という形で吐き出せたら、なおいいでしょう。話を聞いてくれる人がいなければ、ひとり言でも、ノートに感じた気持ちを書くことでも構いません。

大事なのは、自分が怒りを感じていると気づいたうえで、「それは悪いことではない」と自分自身を許すこと。

これは精神衛生上も、とてもいいこととされています。

自分を許せている人は一緒にいて居心地がいい

実は、一緒にいて居心地のいい人というのは、自分を許せている人でもあるのです。

たとえば自分の劣等感が許せないでいる人は、他人の失敗や至《いた》らなさも許せず、おどおどしている人にイライラしたりします。甘えを戒めて生きてきた人は、依存的な人が許せないことがあります。

ところが怒り、至らなさ、よこしまな心、不安、甘えなどネガティブな気持ちが自分にあることに気づき、それを受け入れている人は、他人に同じような気持ちを見つけても許せるのです。これを「おおらか」といいます。

おおらかな人と一緒にいると、自分の至らなさも、よこしまなところも許されるので、そばにいる人は気持ちがとてもラクです。そのときの気持ちは、「本当の自分でいられる」と言い換えてもいいでしょう。

自分のネガティブな気持ちに向き合うのはむずかしいテーマですが、大事なことです。長い年月をかけて取り組んでみてください。

22

相手の「気持ち」を引き出せば、そこからエピソードがあふれだす！

うれしさや悲しさなどのオードソックスな気持ち。

それに隠れている微妙で繊細な気持ち。

そういった気持ちに関する言葉を会話に使うと、面白いことが起こります。

相手からエピソードがたくさん出てくるようになるのです。

そういったエピソードのことを、ここでは少しドラマチックに「物語」と呼ばせてください。


「出向で子会社の役員になった」

この話の気持ちを想像すると、前にも書いたように「うれしい」「気を遣う」

「プレッシャー」「戻れるか心配」などが挙がりますね。
さて、そこからどんな物語が出てくるでしょうか。

あなた「役員といわれたら、やっぱりうれしいものですよね」
相　手「家族は喜んでいるよ。まがりなりにも専務だから」
あなた「とはいえ、出向先では気を遣うことも多そうですね」
相　手「親会社から降りてきた人には、そう簡単に心を開いてくれないからね」
あなた「プレッシャーもありますよね」
相　手「月に一度は親会社に報告を上げないといけない。確かにプレッシャーだよ」
あなた「本社に帰れるかどうか考えたりすることもありますか？」
相　手「いや、本社には戻らないつもりだよ。出向先の会社の業績を上げることに、残りの人生を賭けてみたいんだ」

こんな勇《いさ》ましい言葉が出る物語に出合えるかもしれません。

ほかの人間が登場すると話が盛り上がる

気持ちをテーマに話をすれば物語が生まれ、物語にはさまざまな人物がたびたび登場するようになります。

「人間」が話に登場してくると、そこにはまたさまざまな関係、さまざまな気持ちがあふれているので、話すネタには困りません。感情移入もしやすくなって、共感の言葉も自然に出ます。

あなた「会社が変わると、いろいろな人に出会えるでしょう」
相　手「本当に。小さい会社だから人材がいないってわけじゃないんだね」
あなた「ほう！　そうですか」
相　手「私の下についてくれた人がね、まだ若いんだけど仕事ができてね」

あなた「それはいいですね」
相　手「ただ、彼の奥さんがすごく怖い人らしくて、携帯電話をもう二回も折られているらしいんだ――」

相手はこの話を深掘りしたり、自分のエピソードを話したり、別の怖い話を思い出したりと、どんどんイメージをふくらませて話してくれるでしょう。

このような物語には、話す本人の人柄や人間関係が詰まっていることが多いものです。

それを話した時点で、相手はあなたに心を許すようになります。それがはじめての会話でも、あなたに対して急に親しみを感じはじめるでしょう。

人は自分を語ったとき、それを共感を持って受け入れてくれる人のことを、好きになってしまうのです。

もちろんあなたも、自分の物語を相手に積極的に伝える必要があります。**人はよくわからない人物に不安を抱く傾向があり、自分のことをよく語る人には安心感を覚えます。**

自分の物語をたくさん持っていれば、周囲は居心地のよさを感じてくれるのです。

確かに、自分の物語を伝えるのは、口下手な人にとっては勇気のいることです。しかし、できるようになってしまえば、それはとても楽しいことです。一度話しただけで、旧知《きゅうち》の仲のようになれるのですから。

そんな素晴らしい力も、気持ちを想像して話す力を身につければ、もはや夢ではなくなります。

一回目は話せても、二回目以降は話すことがなくなる人へ

「初回は何とか話せるんですよ。でも同じ人と二回以上会うと、もう話すことってなくなりませんか？」

こんな質問を若い生徒からちょくちょくもらうようになりました。けっこう多くの人が抱えている問題のようです。

初回はお互い何も知らない関係です。おそらく「会社は」「部署は」「仕事内容は」「取引先は」「職場は」「家は」と、互いの肩書を伝え合い、それに関連する情報をやりとりしているのでしょう。

まさに仕事と肩書を使って会話をしているのです。

肩書での会話に頼っていたら、確かに次の会話に困ってしまいますね。こういうときこそ、自分の物語を意識して話してみましょう。

一回目「仕事は総務です」
二回目「私、事務仕事は向いていないと思うんですよね」
三回目「総務は書式にうるさいベテランが多くて、営業の人は怖がってるんですよ」

こういうときのために、自分自身の物語を開発しておいてはどうでしょうか。他人に話して聞かせるネタをたくさん持っている人は、会話に困りません。

ふだんから「私の物語」を楽しげに話せる人なら、二度目三度目のほうが濃い話ができて気がラクというもの。それを聞いた相手も、「それなら私も」とその人の物語に乗りやすくなります。

こうなれば一気に親しみが湧いてきて、距離が縮まります。
誰もが持っている自分の物語。今すぐにでも探してみてください。

23

「私はこんな人」と、外に向かって発信するだけで……

前節で「物語を語れば周囲の信頼を得られ、親しみを持たれる」と述べましたが、実際どのようなことを話せばいいのでしょうか。

これからは老若男女を問わず、仕事を離れた人間関係をいくつ築けるかが、人生の成功の決め手になるはずです。

他人に自分のことを話すのが苦手な人にお勧めするのは、自分の好き嫌いや、ほほえましい小さな弱点をネタにすることです。

人間ですから、さまざまな特徴や性質を備えていて当然。好き嫌いもあれば得《え》手不得手《てふえて》もあります。

たとえば好き嫌いなら「犬が苦手」「満員電車には乗りたくない」、弱点なら「自分はガンコだ」「気が小さい」「気が早い」「朝は起きるのに四苦八苦《しくはっく》」……。
それらのすべてが相まって、あなたの特徴をつくり出しているのです。
好き嫌いや弱点といった、自分らしい特徴に気づいたら、それを具体的にあらわす物語を探してみましょう。

私の生徒はこんなエピソードを語ってくれました。

「朝はまったく起きられず、目覚まし時計もいつ止めたのか記憶がありません。困っていたところ、ネットで目覚ましが鳴《な》ったら空中に飛び上がるドローン時計を見つけて、それを使っています。捕《つか》まえるまで、目覚ましが鳴り続けるので大変です。毎朝、寝ぼけて部屋中をウロウロしています」

もちろん、もっと小さなありきたりの物語でも大丈夫です。

物語には、あなたが言ったこと、思ったこと、したことを入れ込んでください。家族や友人がその物語に登場し、各々《おのおの》の会話のやりとりなどが加われば、あなたの人柄が十分に伝わって聞き手にも強く印象づけられるはずです。

自分の弱点を物語にしてイメージを広げていく

エピソードや物語を話せといわれると、すごくむずかしいことのように思う人もいるでしょう。

実はとても簡単です。

たとえば「犬が苦手」という特徴を話したら、それにあとひと手間としてあなたの気持ちを加えれば、それでもう物語のでき上がりです。

あなた「犬が苦手でね」

聞き手「へえ」

あなた「すごく怖いんですよ」
聞き手「おや」
あなた「チワワも」
聞き手「ええーっ、チワワも!?」
これでOKです。
ここまで話せば、あなたの頭には犬が苦手になった思い出も浮かんでくるでしょう。
あなた「というのは小学1年ぐらいのとき、隣の家によく吠《ほ》える犬がいて……」
もう立派な物語の誕生です。
ある女性が聞かせてくれた、自分の欠点を語るこんな忘れられない物語もあります。
「私、すごいせっかちでね。主人が夕方6時に帰るってLINEくれますでしょ。

それを見たらまだ5時なのに、もうお風呂にお湯をためるんです。
でね、主人が帰ってくる頃にはお風呂が冷めかけているんです。
主人がお風呂に入ると、晩御飯のお蕎麦をゆがきはじめるんです。
でね、主人が風呂から上がると、もうのびかけています。
新聞も朝の8時には片づけたくなって、主人が読もうが読むまいが、
古新聞をしまっているところにしまうんです。
主人はそれを『新聞が追放された』とぼやいています」

聞いている人の脳裏に、冷めたお風呂の湯やのびた蕎麦がありありと浮かびます。ご主人の「新聞が追放された」というぼやきには、思わずほほえんでしまいますね。

この話のように、**物語はなるべく具体的であること**が望まれます。すると聞き手はあなたの話を追体験し、気持ちを感じることでしょう。

そうなってはじめて聞き手はあなたを理解し、親しみを感じてくれるのです。

◯「私ってどんな人かな？」と考えてみる

好き嫌いや弱点を話すのに慣れたら、さまざまな自分の気持ちを話すことにもチャレンジしてみましょう。

何に腹が立つのか。
何をおかしいと感じるのか。
何に恐れを感じるのか。

そういったことをしっかりとつかみとり、「私ってこんな人」と外に向かって発信すると、世の中の人々はあなたのことをわかってくれるようになります。

自分を伝える物語が多くなればなるほど、人と親しくなるチャンスが増えていきます。

こうした「自己開示」の物語を聞くと、相手はあなたの話を映像にし、そのストーリーを疑似体験します。そしてあなたの経験と気持ちを理解するのです。あなたの気持ちを体験した相手はあなたに共感し、親しみを覚えます。

「もう仲間だな」という気持ちを持つのです。

◯「自分の話は面白くない」と決めつけていない？

私の生徒の一人が、あるときこんなことを言いました。

「自分は今まで、自分の話を聞いてもらおうとはしてこなかった。それは、話すことに自信がなかったからだと思います」

自分の話など面白くもないし、誰も聞きたくはないだろう――そういう思い込みを持っていたようです。


しかし、「面白くないのでは」と恐れて自分を表現することなく過ごしていると、他人との結びつきがとれなくなってしまいます。

人とのつながりをつくるのに、面白い話は必ずしも必要ありません。

それよりも、**「あなたが見たり聞いたりしたものを、あなた自身がどう感じたか」が重要**なのです。

それを短い言葉で、相手が映像を思い浮かべやすいように伝えれば、それはとても価値のあることなのです。

ある野球選手の〝暴言〟の意外な効果

ある有名な野球選手が、テレビでこう言っていました。

「しめじは料理を台無しにしている」

単に彼がしめじが嫌いなだけなのですが、周りは心底面白がって笑っていました。私もテレビを見ながら大笑いでした。

この話が素晴らしいのは、自分が感じたことを誰はばかることなく、素直に表現したところ。たとえ暴言であっても、人を傷つけなければ、他人はわかってくれるのです。

「ああ、それがあなたの感じ方なのですか」と。

この野球選手を見習って、奔放《ほんぽう》に表現してみましょう。わかってくれる人は必ずいて、あなたに親しみを感じてくれるでしょう。

たとえば、たまたま入った和菓子屋で感じたことなど、短い話でいいので表現していくことをお勧めします。

「昨日、大福にメロンが入った食べ物を見たよ。あんな大福もあるんだね」

こんなことを言ったら、他人がどう思うか。そんなことばかり心配して、表現できないでいると、誰ともつながることなく寂しい毎日を送るはめになります。

バカな話をする相手もいない。そんな寂しく孤独な人生はいやだと思うのなら、

「自分」を語る勇気を持ちましょう。
勇気といっても、チャレンジしてみればとても楽しいことがわかります。
今日出合った小さな出来事、感じた小さな気持ちから始めてみてはいかがでしょうか。

第5章

年下に好かれる人、敬遠される人

お互い心から
会話を楽しむ
ちょっとしたコツ

24

ここに気をつけるだけで「話の通じない大人」は卒業！

私が若い頃、私より20歳以上年上の人は私たちにまったく気を遣ってはいませんでした。上から見下ろし、偉《えら》そうにしている人がほとんどでした。そのような人たちに対して若い人は気を遣い、話を合わせて機嫌をとる……。

今から考えれば、上司や先輩の立場の人にはずいぶんラクな時代だったようです。

これまで企業では年功序列の考えが支配的で、コミュニケーションも下が上に合わせるもの、という姿勢が一般的でした。今でもそんな気分で若い世代の人々と接している人も多かろうと思います。

しかし世の中は確実に変化し、人間関係はよりフラットなものに移行しつつあります。一つの会社で定年まで勤め上げる人が少なくなる世の中では、ビジネスパーソンの企業への忠誠心は軽くなる一方。自然と年上への尊敬の念も薄れていきます。

ひと昔前の感覚で若い世代の人たちと接していては、会社人生をまっとうできなくなるかもしれません。

たとえば20歳年下の人とどう接するか。

彼らとフラットな関係を築けるかどうか。

コミュニケーションについても、世の中の考えに応じて変化していく柔軟さが求められるのです。

◯《年代別》20歳年下の人たちとの接し方

あなたが40代ならば、20歳年下の人は20代です。

企業では、彼らはまだ未熟な存在でしょう。しかしそんな彼らもやがて力をつけ、企業や社会の中核を担《にな》うときが来ます。相手が未熟だからといって尊大な態度をとっていては、あなたのイメージに傷がついてしまいます。

「この若者も、いつかは自分のパートナーになる」

そんな覚悟で接する必要があります。

あなたが50代ならば、相手は30代です。30代ともなれば、もう対等なパートナーです。ときには、知識や経験であなたのほうが負けていることもあるでしょう。

「ここは相手のほうが、自分より優れている」

そう認めて接する大きさこそが、若い人から尊敬される魅力となります。

あなたが60代ならば、相手は40代です。

あなたはリタイア直前か、もしかしたら再雇用されているかもしれません。20

歳年下の40代の人とうまく話ができますか？

相手はリーダーで、あなたはもはや部下の立場です。過去に仕事を教えたとか部下であったという理由で相手を見下した態度をとっていると、企業から扱いにくい人というイメージで見られてしまいます。

年下の人を、目立たないようにサポートする。これこそがリーダー役を降りた大人の働き方ではないでしょうか。

世代を超えたコミュニケーション力とは

上司や先輩がする話は、仕事を引きずったお小言《こごと》やダメ出し、そして武勇伝や自慢話。聞かされるほうはたまったものではありません。

一方の若い世代も、何十歳も年上の人と話す経験など人生でなかったでしょうから、何を話し、何を聞けばいいのかがわからないはずです。

仕事以外の話題がないうえに、お互いの違いを理解しようという度量も、違いを楽しむ余裕もない。こうしてコミュニケーション能力の低い人たちが集合しても、楽しい時間が生まれるはずはありません。

ここはお互いが世代を超えて、心を寄せ合う方法をマスターしなければならないでしょう。

そもそもお互いは、「話の通じない他人」ではなく、「よきパートナー」なのですから。

では、どんな話をしたら相手は心を開き、いい人間関係がつくれるのでしょうか。次節から学んでいきましょう。

25 話をするときは必ず「興味↓共感↓肯定」の順で

「自分の知っていることを足がかりにして、話をしよう」

豊富な経験と知識を自覚している大人ほど、そう考えます。しかし、世代の違う相手に対して、この考えはもう捨てたほうがいいでしょう。

相手はあなたとは育った環境も享受《きょうじゅ》している文化も異なり、価値観がまったく違います。

たとえば「クリスマスソングといえば？」と聞いても、あなたが知っている松任谷由実《まつとうやゆみ》の「恋人がサンタクロース」や山下達郎《やましたたつろう》の「クリスマス・イブ」ではないのです。

話題の種は自分が知っていることではなく、話し相手が知っていることから導き出しましょう。

秘訣は、その人に対していい意味で「興味」を持つことです。

そもそも会話が苦手なのは、他人に対する興味を感じるセンサーが弱っている証《あか》し。ですからコミュニケーション力を高めようと思うなら、センサーを鍛えること、つまり他人にもっと興味を持てばいいのです。

使うのは、第4章でお伝えした「気持ち」です。

気持ちなら誰もが持っています。だからわからないはずはありません。

あとは、その使い方。できるだけ「物語」が出てくる問いかけがいいですね。

年下の人と愉快に話せる自然なアプローチ

まずは会話のきっかけ。それが**相手に対する「興味」**です。

興味といっても、趣味や好きなスポーツのことではありません。興味を感じるのは、**「相手がどんなときにどんな気持ちになるのか」**ということです。コミュニケーションの土台は、自分がどんなときに、どんな気持ちになるのかを感じておくことで築けます。

あなたも日々、自分のさまざまな気持ちに触れているでしょう。うれしくなることも、やる気がなくなることも、心配になることも、ほっとすることも、いやになることも、困ることも、恥ずかしくなることも、びっくりすることもあるはずです。

「自分は……なときに、……な気持ちになります。ではあなたはそんなとき、どんな気持ちになりますか?」

自分の感じ方をきっかけに、相手の感じ方を聞かせてもらいます。人間ならば誰もが気持ちを持っていますから、どんな人にも使えるはずです。

たとえば次のような問いかけができると、相手から物語が出てきて話がふくらむでしょう。

「○○さんは、何が仕事のモチベーションになっているの？」

「将来が不安になったりすることもある？」

「他社の人と一緒に仕事をすると、たまにびっくりすることがあるよね」

「年の離れた人と一緒に仕事をすると、困ることもあるでしょう」

「会社でほっとしたいときは、どうしているの？」

「若くても疲れるときはあるよね」

上記の問いかけに、**モチベーション、不安、びっくり、困る、ほっとする、疲れるという〝気持ち〟のキーワード**が含まれていることがおわかりのことと思います。

相手と場に応じて、きっかけの問いはいくらでもあります。相手の身になって想像力を働かせる意欲を持てば、案外簡単に思いつけるものです。

あなたも自身の細かな気持ちの変化にふだんから敏感になっておきましょう。たとえば「ムッとくるとき」はどんな場面でしょうか。

「自分が休んだとき、おいしいお菓子が配られたりしたのをあとで聞くと、悔しいよね。まあ、周りには悟《さと》られないようにするけどね」

このように、一緒に盛り上がれる話題が一つ生まれます。

共感力がものを言うとき

問いかけで相手から物語を引き出せたら、そこから必要なのは、**同じ話題のままで話をふくらませていく力です。**

問いかけの内容を次々に変えていたら、まるで面接の一問一答です。相手も

「会話をもたせるためにとりあえず聞いているのだな」と、残念な気持ちになるでしょう。

そこで、第2章で学んだ**「共感力」の出番**です。

あなた「○○さんは何が仕事のモチベーションになっているの？」
相　手「部長から『いいね』って言われるの、けっこうモチベーション上がります」

出てきた言葉には、いい反応を返しましょう。こんな感じです。

あなた「本当？　うれしいこと言ってくれるね」

相手は喜んで話を続けてくれます。とにかく誰にとっても、いい反応がもらえるのは大きな喜びとなるものです（なお三つめのポイントとして「肯定」がありますが、それはあらためて次節で詳しく解説します）。

さて、ここで若い人にぜひ問いかけてほしいテーマがあります。

「私たち世代の言うことや、やっていることで、『もう役に立たない』とか、『理解できない』と感じることってどんなものがある?」

ここで出てくる話は耳が痛いでしょうが、大変勉強になります。

ちなみに私が教室で問いかけてみたところ、若い世代からはこんな意見が出ました。

「〝上司のお酒のグラスが空いたらすぐにつげ〟というヘンなマナー」
「〝成果が出ないのなら休みを削《けず》ってでも頑張る〟という姿勢」
「〝先輩が座るまで後輩は座らない〟という体育会的ルール」
「〝仕事に無駄なことなどない〟という非合理性」
「〝黙って俺の言うことを聞け〟というパワハラ体質」……。

もちろん、話を聞いたからといってすべてを受け入れる必要はありません。

ただ、すぐに反論してはいけません。相手の言い分を封じ込めるようなマネをしたら、次からはもう心を開いてくれなくなります。

まずは**「そういうところに違和感を覚えるんだね」**と共感を持って話を聞いてみましょう。

なかには「なるほど！」という意見もあります。

その意見を取り入れた態度を日常で示せば、相手はあなたのことを「わかってくれる人」と思うでしょう。

26
相手の話に「肯定」して返すと、誰もが思わずしゃべりだす

会話の際に、若い人が最も恐れているものが何か、わかりますか。
それは**「否定」**です。
上司とちょっとした話をしたら、すぐに「ゆとり（世代）だなあ」「甘いな」「若いね」「それで何とかなると思っているの」などの言葉が返ってくる――それが怖くて、年上の人と話すのに抵抗を覚えるのです。
上司「〇〇さんぐらい若いと、将来の不安なんてないだろう」
部下「ありますよ。年金なんて本当にもらえるのかどうか気になります」

上司「きみぐらいの年で、年金とか気にしてどうする」

こんな否定的な上司では、部下はそれ以上、自分の話をする気にはなりません。

相手がしゃべらない理由を考えるとき、「自分の言葉が否定的だからでは？」とわが身を振り返ってみるのは、とてもいいことです。もし、否定的な言葉が多くなっているようなら、早急に改めましょう。

むずかしいことはありません。

否定的な言葉は、実は、肯定的な言葉に置き換えられるのです。

「そうかあ？」は「そう考えるのか」に。

「バカじゃないのか」は「私には思いもつかないね」に。

それだけで、相手が饒舌に変身することもあります。

◯どんな話も否定しないでまず受け止める

練習として、まだ20代であるにもかかわらず、将来の老齢年金を気にしている部下を、否定することなく受け止めてみましょう。

部　下「将来年金を本当にもらえるのかどうか、気になります」
あなた「そうか。きみたちでも気になるんだね」

肯定的なニュアンスで返せる大人になれたら、年下の人も安心して話ができます。これに続ける言葉も肯定的なものを選びましょう。

「そうだよな、心配になるのもわかるよ」

相手の言葉を常に肯定的に受け止め、言葉を返せるようになれば、彼らは「もう身構えなくてもいい」と安心します。あなたに心を許して、彼らの話をさらにしてくれるでしょう。

なお、第2章でお伝えした「いいですね（いいね）♪」も肯定的ないい相づちです。ぜひ口ぐせにしてください。

部　下「将来年金を本当にもらえるのかどうか、気になります」
あなた「そうか。きみたちでも気になるんだね」
部　下「はい。だから今からちょっとずつ資産運用をしてるんですよ」
あなた「へえ！　いいね♪」

相手を肯定的に見れば、言葉も肯定的になる

若い人の言うことは、あなたには、ときに未熟に感じるでしょう。しかし若い

人に対して「甘い」「考えが足りない」などというような偏見を持っていれば、その言葉もその通りに聞こえるものです。

ですから、彼らから、たとえば「仕事の質よりも休日にちゃんと休めるか、定時退勤ができるかどうかといったことのほうが重要」という話が出ても、「ゆとりだな！」という言葉をまずは飲み込みます。

相　手「休みがとりやすいとか定時で帰れるとかは重要だと思います」
あなた「へえ！　その話、もう少し聞かせてくれる？」

一歩踏み込んで彼らの話を聞かせてもらう、おおらかさを身につけてください。

その先の言葉に「そういう考えもあるのか」とか、「もはやそういう時代なんだな」という発見があるかもしれません。

27 たとえば相手がミスをしたときでも……

若い人の行動や言葉に、つい否定的に当たる大人は多いものです。しかし、それはマウンティングと呼ばれる恥《は》ずかしい行為です。

こちらが否定してかかれば、相手はひるみます。すると自分のほうが上位に立った気になれるのかもしれません。

マウンティングでは、相手の年齢が自分に近いとか、自分よりも実力があるとかいった場合であれば、反撃されてしまう可能性があります。しかし若い人ならその点大丈夫で、安心してマウントをとりに行けるというわけです。

もちろん、やられたほうは屈辱に感じますから、もうそばには近寄ってこなくなります。

◯「大人の説教」が長くなるわけ

大人の説教が長くなるのは、その奥に快感が潜《ひそ》んでいるからです。人を責《せ》めつけて、萎縮《いしゅく》させる。これは、他人を従えて自分のコントロール下に置きたい、という願望のある人の共通点です。

責めれば責めるほど相手は萎縮します。表面上は「相手の成長のため」などと言っていますが本当はそれが快感だからやっているのです。

また、困った大人によくある例が、相手と近しくなろうとして、冗談のつもりで叩く軽口《かるくち》です。

「バカだなあ」「モテないだろう」「ＩＱが低い」

冗談めかして言ったつもりでも、あきらかに相手を否定する言葉。これは日常的に行なわれている可能性が高い分、たちが悪いものです。

若い人も大人として、表面上は笑って聞き流すでしょう。ですから、言った当人は罪を感じにくいものですが、小さな否定の積み重ねは人に屈辱を与え、傷つけます。

このような相手に屈辱を味わわせる言葉は、言ったほうはすぐに忘れても、言われたほうは何十年でも覚えています。

若い人も、やがて実力を備える日が来ます。そのときあなたは、まだ社会で働いているかもしれません。

立場が逆転したとき、はたして二人の関係には、何が起こるのでしょうか。

否定と指導は違う

「そんなことを言われると、部下や後輩に何も言えなくなる」

そう心配する人もいるでしょう。確かに指導が目的のことであれば、言って当然のアドバイスもあり得ます。

違いは、

「人格を攻撃すれば〈否定〉」
「事実を伝えて行動の改善を求めれば〈指導〉」

と考えてみましょう。

たとえば遅刻した部下に対するとき、何と言えばいいでしょうか。

「仕事ができない」
「社会人失格」

これは「否定」です。

「君が遅刻すれば、その分だけ組織の動きが遅れる」

こちらは「事実の告知」です。

「遅刻してしまう理由は何だと思う？」
「どうすれば遅刻がなくなる？」
「何か私でサポートできるかな？」

これが「行動の改善を求める行為」です。

事実の告知から行動改善という流れで話をしていけば、部下もあなたに愛情を感じて、遅刻をしないための相談をしようと思うでしょう。

部下がミスをしたとき、それについて話すのは1分以内。私はそう決めています。

まず質問はシンプルに。

「どうしてそうなったとあなたは思う？」

締めはこちら。

「同じことが起こらないようにするために、あなたはどうする？」

こちらの意見を押しつけず、相手がどう考え、どうするのかを問うのがポイントです。

ミスを咎《とが》めるのはお互いにつらいこと。**長々と説教するよりも、なるべく短い時間で解決したほうが、同じミスを起こさないようになる**と私は考えています。

28 どんな相手にも「自分から挨拶できる人」の魅力

年下に好かれモテる大人は、相手に対して肯定的で、応援する気持ちにあふれています。

これに対して、年下とうまくいかない人は、部下や後輩にミスが出たとき、ほくそ笑みながら冷笑します。逆に、自分がミスをしたときには、なめられないように必死で隠すことでしょう。

この行動の根底には、「優秀でなければ尊敬されない」という誤解があります。

つまり「自分のほうが上でなければならない」「なめられてはいけない」という思い込みがあるのです。

自分のほうが仕事に詳しくなければ、自分のほうが有能でなければ、自分のほうが仕事に厳しくなければ……。これが縛りとなって、とても窮屈《きゅうくつ》な人間になっているのです。

こういう人たちは、優秀な後輩に対しては、口をきくことにさえ抵抗を感じます。自分が知らないことを尋ねられても、「知らない」とは言えず、つい不機嫌に接します。

◯年下からなめられる人の特徴

そんなとき「後輩よりもできない部分があってもいい」と自分を許せたら、自分自身も、とてもラクに生きられます。

気がラクになれば「君、すごいね」と肯定的に言えますし、「ここは負けているな。教えてもらえる?」とも言えます。

それに応えて、後輩も気軽に接してくれるでしょう。この素直さが年下から愛される秘訣なのです。

結局、人はふだんの姿によって、他人の評価を受けています。

他人に平等か、弱い人に優しいか、お金にきれいか、ミスを人のせいにしないか、嘘が多くないか。

ふだんの振る舞い次第で、周りの人はその人を尊敬したり、軽蔑したりしています。


年下からなめられるのは、力がないのに強がる人です。

なめられまいとするあなたの振る舞いを、年下の人は見ています。

無理をして完ぺきなところを見せようとする姿は、いったいどう評価されるでしょうか。

それを考えれば、自分を隠して完ぺきな姿を見せたがる必要などないことがわかるでしょう。

挨拶は年下から。これが古い日本の伝統でした。

「おまえのほうから挨拶に来い」

そう言わんばかりに、相手が挨拶に来るまで目も合わせないという人も珍しくないものでした。


しかし今はむしろ挨拶は上司からする時代です。

これにはメリットもあり、顔をよく見て「おはようございます」と言えば、相手が調子がいいのかどうかがわかります。

「いつも目を合わせる人が、今日は目を合わせない。おかしいな」

心の変化に気づけて、いち早くその悩みに気づけることもあります。そして何より、部下は自分が上司から受け入れてもらえているという安心感が持てます。

これからの上司像は、「みずから挨拶する人」で決まりです。

29 若い人が聞きたいのは、失敗や挫折に直面したときの話

若い人の話を聞くばかりがコミュニケーションではありません。あなたの話もぜひ若い人に聞かせてあげてください。

しかし、何を語ればいいのでしょうか。
もっと直截《ちょくせつ》にいえば、**どんな話をすれば、若い人が「あなたの話を聞こう」と思ってくれる**のでしょうか。

多くの大人が自分のいいところを話したがります。
それで若い人が尊敬してくれるだろうと思うからで、だからこそ男は成功談や

武勇伝を語りたがるのでしょう。

反対に成功談のない人は「人に話すことなどない」とあきらめて無口になります。

けれども、これは思い込みからくる誤解です。

若い人が聞きたいのは、あなたがピンチに陥《おちい》ったときの話です。

ピンチでもがき苦しむあなたが、そこでどう対処しどう立ち直ったのかという、人間臭い物語です。

それは聞く人にとって将来の手本となります。自慢や武勇伝など役に立たないので、誰も聞きたくありません。

◯優秀で魅力的な大人ほど自分の失敗談を話す

とくに優秀でスキのなさそうな人ほど、失敗談や挫折体験談をするべきです。

若い人にとっては手本となるのはもちろん、**「至らない自分を隠す必要はない」**という教訓を感じとって安心できるでしょう。

たとえば、こんな話はどうでしょうか。

「まだ20代の頃、当時の本部長にたてついて地方の支店に飛ばされ、やけになって会社に行かなくなった。するとそのときの支社長がアパートまで来て、自分の話を聞いてくれた。

このとき言われたのが、『人の言葉に左右されず、自分の行きたい道を行け』という言葉。この言葉で考え方が変わって、地道に働いた。すると3年後、本部長が失脚して本社に戻れた。あのときの支社長の一言がなければ、自分はこの会社で今の立場になれていなかったはずだ」

この物語の中に、できれば当時の生々しい感情も添えてみましょう。

「本部長のやり口には、本当に腹が立ってね」

「支店に飛ばされたときは、まさに絶望したな」

「3年地道に働きながらも、自分の無力さに、ときどき負けそうになったよ」


経験者の本当の話を伝えられたら、若い人でなくても聞き入ってしまうでしょう。それは彼ら自身が将来ピンチになったときに、手本となる姿だからです。


また、子どもに対して「お父さんは子どもの頃、全然勉強しなかったんだよ」という話はすべきではないと信じている親は多いものです。

しかし、今のあなたの姿を見れば、子どもはなんとなく、あなたの子ども時代に関して想像がついているものです。だからこそ、子どもには親の泥臭い話をどんどんしたほうがいいと私は思います。

とくに優秀な親ほど、子どもにはカッコ悪い姿を見せてあげるべきです。

「高校生のとき、塾の帰りに、親には勉強会と称して友達とカラオケＢＯＸに行っていた」
「おじいちゃんのエッチな本をこっそり見ていた」
「クラス一きれいな女子のファンクラブをつくったが、会員の誰も彼女に相手にされなかった」

優秀な人ほどこうしてスキをつくり、子どもや部下をほっとさせる「ゆとり」が必要です。

「自分も至らないところがあっていいいんだ」と思えることは、人が生きていくうえでの大事なゆとりとなります。

それが理由で子どもが勉強しなくなったり、部下が仕事の手を抜いたりすることはありません。

生徒はベストセラー作家の何を聞きたがるか

私は10年前にある本を書き、それが100万部を超えたことがありました。それ以降に知り合った生徒はみな、私が成功をいとも簡単に手に入れたと思っています。

しかし私はそれまでの20年近く、貧乏でしがない話し方教室を続けてきたのです。この話をすると生徒たちはみな驚き、興味津々で次々に質問を始めます。

「どうしたらそんなに長く希望を保ち続けることができたのか」
「家族は反対しなかったのか」
「どんな策を取ったのか」
「もし成功できなかったら、どうするつもりだったのか」

これらの問いかけに対し、私は苦しんだこと、もがいたこと、挫折したことを隠さずに話すように心がけています。

長く生きていれば、誰にでも修羅場《しゅらば》や崖《がけ》っぷちを味わった体験があるのではないでしょうか。そういう話を聞かせてもらえるなら、きっと若い人たちもあなたの話をもっと聞きたいと思うでしょう。

他人の生の物語に触れる機会は、そうはないものです。

あなたが自分の人生のストーリーテラーになれたなら、年の差がどれほど離れた人とでも、会話に苦労はないはずです。

（了）

本書は、学研プラスより刊行された『一緒にいて居心地のいい人、悪い人の話し方』を、文庫収録にあたり再編集のうえ、改題したものです。

どんな人《ひと》とも楽《たの》しく会話《かいわ》が続《つづ》く
話《はな》し方《かた》のルール

著者　野口　敏（のぐち・さとし）
発行者　押鐘太陽
発行所　株式会社三笠書房
〒102-0072 東京都千代田区飯田橋3-3-1
電話　03-5226-5734（営業部）03-5226-5731（編集部）
https://www.mikasashobo.co.jp
印刷　誠宏印刷
製本　ナショナル製本

 ISBN978-4-8379-3100-3 C0130

王様文庫

話し方で好かれる人　嫌われる人

野口　敏

「同じこと」を話しているのに好かれる人、嫌われる人――その差は、どこにあるのか。「また会いたい」と思われる人、なぜか引き立てられる人になるコツを、すぐに使えるフレーズ満載で紹介。だから、あの人ともっと話したくなる、「いいこと」がドシドシ運ばれてくる！

気くばりがうまい人のものの言い方

山﨑武也

「ちょっとした言葉の違い」を人は敏感に感じとる。だから……　◎自分のことは「過小評価」、相手のことは「過大評価」　◎「ためになる話」に「ほっとする話」をブレンドする　◎「なるほど」と「さすが」の大きな役割　◎「ノーコメント」でさえ心の中がわかる

夜、眠る前に読むと心が「ほっ」とする50の物語

西沢泰生

「幸せになる人」は、「幸せになる話」を知っている。　○看護師さんの優しい気づかい　○アガりまくった男を救ったひと言　○お父さんの「勇気あるノー」　○人が一番「カッコいい」瞬間……〝大切なこと〟を思い出させてくれる50のストーリー。

K30671